榎並利博 [著]

株式会社 富士通総研 経済研究所 主席研究員

デジタル手続法
で変わる企業実務

日本法令®

はじめに

　わが国のデジタル・ガバメントを推進するうえで、マイナンバー制度以来久しぶりに大きな影響力をもつ「デジタル手続法」が成立しました。この法律は従来の行政手続オンライン化法を抜本的に見直すものであり、申請や届出など行政関係の手続きにおいて IT を活用しようということだけでなく、デジタルを前提として行政手続のやり方そのものを変革しようというものです。

　当然ながら、社会保険や税など行政関係の手続きを行う企業の実務にも多大な影響をもたらします。ほとんどの企業ではデジタル化が進んでいるにもかかわらず、行政関係の手続きのためにわざわざデジタル化した情報を紙にプリントアウトしたり、転記したりという無駄な作業をしていることはないでしょうか。また、行政側から何度も同じ情報を要求されたり、いくつもの行政機関に同じような手続きをしたりしなければならないという経験はないでしょうか。

　デジタル手続法では、デジタル・ファースト、ワンスオンリー、コネクテッド・ワンストップという３原則の下、デジタル情報のやりとりだけで手続きを完結させる、一度提出された情報は二度と要求しない、同じ手続きを複数の行政機関に対して一括で行う、ということが可能となります。企業においてもこのようなデジタル改革に対応していくことで、事務の効率化が図れると期待されます。

　しかし、デジタル手続法については難しくてよくわからないという声があります。デジタル手続法の構造やその内容が複雑であると同時に、デジタル行政推進法（行政手続オンライン化法を改正し名

称変更したもの）、マイナンバー法、住民基本台帳法、公的個人認証法などが登場し、それらの関係が複雑に絡み合っています。

　また、同時期に健康保険法と戸籍法も改正されており、これらもデジタル手続法と深いつながりをもっています。特に、マイナンバーカード普及に力を入れる政府としては、健康保険法の改正によって健康保険組合や協会けんぽへマイナンバーカード普及の要請を行うとともに、企業や加入者に対しても働きかけを行う計画であり、企業の実務としても無視できません。

　さらに、規制改革推進会議による「行政手続コスト削減」、IT 総合戦略本部のデジタル・ガバメント分科会による「オンライン・ワンストップ化」、各省庁のデジタル・ガバメント計画などが個々に「手続きのデジタル化」を推進し、企業の実務にも大きな影響が出てきています。これらの動きはデジタル手続法と無関係ではなく、デジタル手続法を先取りしたり、デジタル手続法の原則に則ってより強力に進められていたりして、企業としてはまさに混とんとした状況の中でデジタル手続法を端緒とした手続改革に対応していかなければなりません。

　本書では、まずデジタル手続法を中心に解説するとともに、それ以外の政府の手続デジタル化の取り組みも含めて整理し、デジタル手続法の影響によって変わる企業実務の今後を考察していきます。そして、読者が企業として今後どのように手続きのデジタル化に対応すべきか、その全体像を理解できると同時に、今何をすべきか企業としての準備を開始できることを目標としています。企業実務に携わる方々が、官民を含むデジタル手続改革の潮流に対応し、自社における手続改革やデジタル手続を推進するうえで、本書が羅針盤の役割を果たすことができれば著者としてこのうえない喜びです。

　なお、本書では法律の条文や政府の文書を参照しながら解説して

いますが、条文や文章を読みやすくするためかっこ書の省略や言い換えをしている部分もあります。特に、正確な法律の条文を使う場合には、政府の「e-Gov 法令検索」をご参照ください。

令和2年3月

株式会社富士通総研　経済研究所
主席研究員

榎並　利博

凡　例

　本書においては、法令等につき以下のとおり省略しています。

情報通信技術の活用による行政手続等に係る関係者の利便性の向上並びに行政運営の簡素化及び効率化を図るための行政手続等における情報通信の技術の利用に関する法律等の一部を改正する法律 ………………………… デジタル手続法
高度情報通信ネットワーク社会形成基本法 ………………………… IT 基本法
行政手続等における情報通信の技術の利用に関する法律
……………………………………………… 行政手続オンライン化法
情報通信技術を活用した行政の推進等に関する法律 ……… デジタル行政推進法
地方分権の推進を図るための関係法律の整備等に関する法律
……………………………………………………… 地方分権一括法
行政手続における特定の個人を識別するための番号の利用等に関する法律
………………………………………………………… マイナンバー法
電子署名等に係る地方公共団体情報システム機構の認証業務に関する法律
………………………………………………………… 公的個人認証法
液化石油ガスの保安の確保及び取引の適正化に関する法律 ………… LP ガス法
高齢者の医療の確保に関する法律 ………………………… 高齢者医療確保法

目 次

第1章
デジタル手続法の背景と位置づけ

1 なぜ「デジタル」なのか

1 タブレットで国会答弁

　2019年4月26日、衆議院内閣委員会での平成最後の質問日に政府が初めてタブレット端末を使って答弁したことが大きな話題となりました。答弁に立ったのは平井卓也・情報通信技術（IT）政策担当大臣、デジタル手続法案への質問に対する答弁であったことは象徴的です。閣僚が紙を見ながら答弁をするのではなく、タブレット端末を片手に答弁するという姿は、まさにこれからは「デジタルの時代だ」ということを彷彿させる出来事でした。

　ちなみに「日本が目指す世界最先端デジタル国家というのはどういった国家像なのか、そしてその中におけるデジタル手続法案の位置づけを教えていただきたい」という質問に対して、平井大臣は次のように答弁しています。

　IT戦略で掲げた世界最先端デジタル国家は、デジタル技術を徹底的に活用した行政サービス改革の断行を起点として、地方や民間部門のデジタル化を推進することにより、さまざまな社会問題を解決して、安全で安心な暮らしや豊かさを実感できる社会の実現を目指すものです。

　その端緒として、本法案は、行政のあり方の原則を紙からデジタルに転換する、ここが一番大きいところだと思います。単に過去の延長線上で今の行政をデジタル化するのではなくて、デジタルに対する考え方を変えて、次の、デジタルを前提とした時代の新たな社会基盤をつくっていこうとするものです。

　本法案によって、我が国が抱える少子高齢化、人口減少を始めと

する社会課題にデジタル技術を最大限に活用して、チャレンジして、次の時代に承継できる社会基盤を築けるようにしようというふうに考えています。

（第198回国会　内閣委員会　第15号　2019年4月26日議事録）

つまり、これまでの電子行政とは「紙だけでなく、デジタルも使えますよ」というスタンスであったのに対し、これからは「紙ではなく、デジタルを前提に行政を行いますよ」というスタンスに大きく変わるということです。そしてデジタルを前提にすると、行政のさまざまな手続きやサービスだけでなく、行政のあり方自体もこれまでとはガラリと変わることになるでしょう。

2　企業もデジタル化のターゲットに

企業の立場からすれば、これまで紙で手続きしていたものが、今後はデジタルで手続きをしなければならない状況になると同時に、手続きそのものが従来とはまったく異なるかたちへと変わる可能性も出てきます。大企業、中小企業、小規模事業者への影響についても質問が出ましたが、それについては次のような答弁がされています。

本法案は、国、地方、民間を含めた社会全体のデジタル化を目指すものでありまして、長期的には、社会全体の生産性向上に大きな効果があるものと考えています。

特に、行政手続のオンライン化に関して、効果を現時点で正確に算出することは難しいんですが、今後、情報システム整備計画の策定を通して明らかにしていきたいと考えています。

想定される効果としては、例えば、利用者には、行政機関への往復交通費、窓口への移動時間、行政機関での滞在時間の削減などの

効果が見込まれます。加えて、行政手続に係る負担が軽減されることで民間事業活動における生産性向上による経済効果も期待できますし、行政手続のオンライン化を機に民間部門のオンライン化も進展するものと期待をしています。

　以上のことは、一つ一つの行政手続において必要であった負担を軽減するものであるので、基本的に、企業の規模によって異なることなく、全ての企業において生じるものだと考えます。

（第198回国会　内閣委員会　第15号　2019年4月26日議事録）

　このようにデジタル手続法とは、単に行政における手続きを電子化して行政の効率化を期待するだけではなく、社会全体、特に民間企業の生産性を向上させることによる経済効果を期待していることがわかります。企業の規模によって異なることなく、すべての民間企業のデジタル化を進め、社会全体をデジタルで変革していくという政府の意思が伝わってきます。

　デジタル手続法は2019年5月24日に成立し（2019年5月31日公布）、今後日本の社会をデジタルで変革していくとともに、企業の実務においても大きな影響が及んでくると予想されます。本書ではこのデジタル手続法を軸に、同時並行で推進されている他の税・社会保険関係手続きの電子化などを含め、今後どのような影響が及んでくるのか、企業の実務の面から解説していきます。

　なお、このデジタル手続法は「デジタルファースト法」と呼ばれたこともありますが、現在では法律の略称として「デジタル手続法」を政府が使用していますので、本書では「デジタル手続法」で統一していくことにします。ちなみに、法律の正式名称は「情報通信技術の活用による行政手続等に係る関係者の利便性の向上並びに行政運営の簡素化及び効率化を図るための行政手続等における情報通信の技術の利用に関する法律等の一部を改正する法律」です。

3 「デジタルが前提」とは

答弁のなかにも「デジタルを前提とした時代」という言葉がありましたが、「デジタルが前提」とはどういうことか、イメージがつかみにくい読者も多いと思います。そこで金融機関を例に、どれほど変わるのかを見てみたいと思います。

そもそも現金とは、紙幣や硬貨における紙や金属そのものに価値があるわけではありません。ある地域内で価値があると信じられているから、「価値がある」ものとして流通しているわけです。それならばデジタル情報に「価値がある」という信用ができれば、現金の代わりにデジタル情報が「価値がある」ものとして流通するはずです。仮想通貨や暗号資産という言葉を聞いたことがあるかと思いますが、今や世界中でデジタルを前提にキャッシュレス決済が広がっています。

日本ではキャッシュレスがなかなか進まず、政府は何とかキャッシュレス決済の比率を上げたいと躍起になっていますが、隣の韓国の状況を見てみましょう。「各国のキャッシュレス決済比率」（**図表1-1**）を見ると、韓国がダントツで90％近くがキャッシュレス決済になっています。韓国では90年代後半の経済危機に直面し、国民のクレジットカード利用を促進して消費を活性化させると同時に、クレジットカード決済データを使って商店の売上および税金を捕捉するという政策を実行しました。クレジットカードで決済した金額が住民登録番号で自動的に所得控除されるというインセンティブを国民に与えたため、あっという間にクレジットカードが国民に浸透したのです。

このようにキャッシュレス決済が進むと金融機関はどうなるのでしょうか。例として2019年5月に韓国の金融機関を視察した知人の話を紹介します。明洞という韓国の繁華街にある銀行の支店に金曜

■図表1-1　各国のキャッシュレス決済比率の状況（2015年）

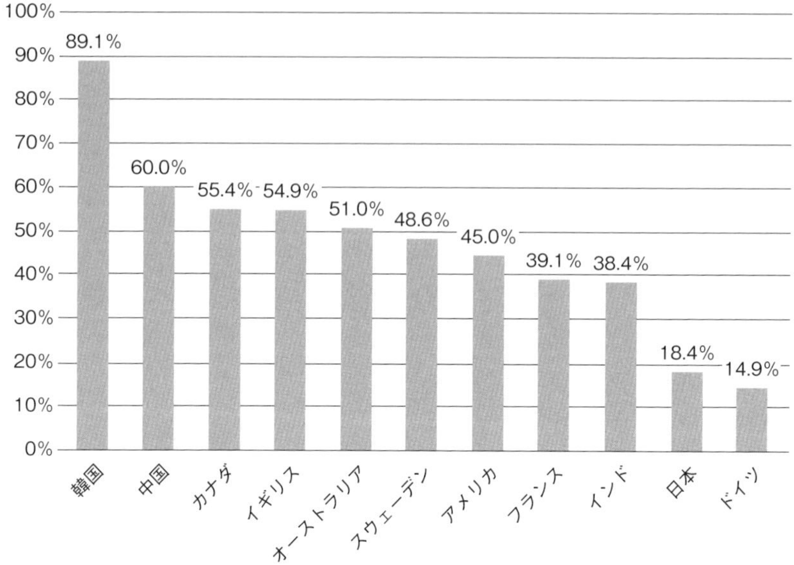

（出典）経済産業省「キャッシュレス・ビジョン（2018年4月）

日の昼頃訪問したところ、来店客が誰もいなかったというのです。繁華街の銀行で金曜日ともなれば、日本ではATMの前に行列ができる風景が想像されます。それが明洞の銀行支店では、数台並んでいるATMの前には誰もおらず、10席はあろうかという対面式のブースにも人っ子一人いないのです。閉店間近の16時頃に再度訪問してみるとまばらに人が来店していたそうですが、キャッシュレスが進むと銀行の窓口はこのように変わってしまうのかと衝撃を受けたということです。

　このように金融機関のデジタル化が進むと、預入れ・払戻し・両替などで来店する客は皆無に等しくなり、窓口は大口の取引や貸付け・投資相談などに対応するものと変貌してしまいます。韓国における銀行の支店数も2014年から2017年の3年間に500店舗以上減少

し、ATM 設置台数も減っているそうです。このような銀行の変貌を見れば、わが国の金融機関も安穏としてはいられないでしょう。低金利による収益環境の悪化だけでなく、「デジタルが前提」という潮流の中で、コスト削減、フィンテック、キャッシュレスへと踏み出さざるを得ない状況に追い込まれています。

2 デジタル手続法の背景

1 挫折した行政手続オンライン化法

それではなぜ今、デジタル手続法なのでしょうか。これまでの電子申請やオンライン化もデジタルであったし、なぜ今さら「デジタル」なのかという疑問を持つ方も多いと思います。もともと国家戦略として IT を推進し始めたのは2000年のことになります。IT 基本法（正式名称「高度情報通信ネットワーク社会形成基本法」）が制定され、それに基づいて2001年には e-Japan 戦略が発表され、2002年には行政手続オンライン化法（正式名称「行政手続等における情報通信の技術の利用に関する法律」）が制定されました。しかし、当時はブロードバンドなどのインフラ整備が主な政策課題であり、書面で行われる行政手続をオンラインで可能にする法律を制定したものの、その実効は上がりませんでした。

電子申請・届出を行っても、添付書類を郵送しなければならない、別途納付手続が必要になる、交付物を受け取る必要があるなど、利用者にとって使い勝手がよいといえるものではありませんでした。2004年に開始された e-Tax も、現在の使い方とは違って電子申告とは別に添付書類を郵送しなければならず、郵送するくらいなら電子申告をする意味がないというのが大方の評価でした。

その結果、電子申請システムの利用率が低迷し、10年ほど前には
いくつもの電子申請システムが運用停止に追い込まれることになり
ました。オンライン申請等手続システム評価ワーキンググループの
中間報告では、次のような厳しい意見が出されています。「国の行政
機関に係る申請等システムは、平成20年度末現在、政府全体で64シ
ステム存在するが、システムごとに平成20年度のオンライン利用率
をみると、利用率が1％未満のシステムが8システム、1％以上
10％未満のシステムが7システムと、極めて低調なものが認められ
る」。

このときまでに「防衛省：申請届出等システム」、「文部科学省：
オンライン申請システム」、「厚生労働省：労働経済動向調査オンラ
インシステム」が運用停止され、さらに「財務省：国税庁電子開示
請求システム」、「財務省：財務省電子申請システム」、「農林水産
省：農林水産省電子申請システム」、「内閣府：汎用受付等システ
ム」、「総務省：総務省電子申請・届出システム」、「厚生労働省：予
防接種・衛生検査等申請システム」、「公正取引委員会：オンライン
共通受付システム」、「警察庁：申請・届出システム」が運用停止と
なりました。

このような事態を招いた原因として、原則としてすべての手続き
を一律にオンライン化した、つまり「オンライン化」が目的となっ
てしまったことが指摘されています。業務プロセスの改革をおろそ
かにして従来の業務運用をそのまま電子化することが目的となり、
利用者の利便性についてまったく考慮しなかったという理由です。
しかし、当時はインターネット普及率が75％を超えていたとはい
え、個人も社会全体もウェブの使い方についてはまだ未成熟であっ
たからだということもできます。

Web2.0という概念が2005年にティム・オライリーらによって提
唱され、日本でも2006年から2007年くらいに流行して「新しい時代

がやってきた」ともてはやされました。Web2.0は定まった定義は
ありませんが、従来のインターネット・サービスとは異なる、新た
な発想や体験、ビジネスモデルが出現しつつあるという意味で、双
方向性や利用者の能動性などが特徴とされています。

　しかし、インターネットの黎明期を知っている筆者の世代からす
れば、双方向性や利用者の能動性などはインターネットの特徴その
ものであり、これらを生かしたサービスが過去に出現したものの挫
折を重ねてきたという経緯を知っています。Web2.0の時代になっ
てようやく個人も社会全体もデジタルに成熟し、インターネットに
常時接続してウェブを使いこなすようになり、これまで挫折してき
た理想的なインターネット・サービスがようやく機能し始めたとい
うのが正直な感想です。

2　スマホの登場でネット環境に変化

　つまり、行政手続オンライン化法の時代はインターネットの普及
が進みつつある段階で、まだ技術的な環境や個人・社会全体の意識
も未成熟であり、行政手続をインターネットで行うには時期が早過
ぎたともいえます。当時はブロードバンドもまだ整備途中で、イン
ターネットに常時接続できる環境も不十分だったのです。しかし、
今や技術的な環境や個人・社会全体の意識も大きく変化し、イン
ターネットのない時代を知らないデジタル・ネイティブなる世代も
登場しています。

　その契機となったのが、2008年に発売されたiPhoneです。これ以
降、スマートフォン（いわゆるスマホ）が急速に社会に普及し、2018
年時点で約79％の世帯がスマホを保有するまでになりました。**図表
1-2**に示すように、2010年以降のスマホの保有率の推移は目覚まし
く、2017年にはパソコンの保有率を追い抜くまでになったのです。
いわば、一人ひとりがパソコンを身につけ、常にデジタルでつなが

■ 図表 1 - 2　情報通信機器の世帯保有率の推移

	2008 (n=4,515)	2009 (n=4,547)	2010 (n=22,271)	2011 (n=16,530)	2012 (n=20,418)	2013 (n=15,599)	2014 (n=16,529)	2015 (n=14,765)	2016 (n=17,040)	2017 (n=16,117)	2018 (n=16,255)
固定電話	90.9	91.2	85.8	83.8	79.3	79.1	75.7	75.6	72.2	70.6	64.5
FAX	53.5	57.1	43.8	45.0	41.5	46.4	41.8	42.0	38.1	35.3	34.0
モバイル端末全体	95.6	96.3	93.2	94.5	94.5	94.8	94.6	95.8	94.7	94.8	95.7
スマートフォン	–	–	9.7	29.3	49.5	62.6	64.2	72.0	71.8	75.1	79.2
パソコン	85.9	87.2	83.4	77.4	75.8	81.7	78.0	76.8	73.0	72.5	74.0
タブレット型端末	–	–	7.2	8.5	15.3	21.9	26.3	33.3	34.4	36.4	40.1
ウェアラブル端末	–	–	–	–	–	–	0.5	0.9	1.1	1.9	2.5
インターネットに接続できる 家庭用テレビゲーム機	20.8	25.9	23.3	24.5	29.5	38.3	33.0	33.7	31.4	31.4	30.9
インターネットに接続できる 携帯型音楽プレイヤー	22.0	27.3	17.0	20.1	21.4	23.8	18.4	17.3	15.3	13.8	14.2
その他インターネットに接続 できる家電（スマート家電）等	5.5	7.6	3.5	6.2	12.7	8.8	7.6	8.1	9.0	2.1	6.9

（出典）総務省「令和元年版 情報通信白書」

る社会へと大きく変貌したといえるでしょう。デジタルを前提に情報が流通して活動が営まれる社会へと時代が急激に変わったのです。

3　マイナポータルの開設

そして、もう一つの大きな環境変化がマイナンバー制度とマイナポータルです。行政手続オンライン化法の時代においても、住民基本台帳ネットワーク（いわゆる住基ネット）がありましたが、多くの訴訟が起こされて国民の間に広がりませんでした。署名用電子証明書を使った公的個人認証サービスという電子的に本人確認を行う世界に先駆けたサービスを実現したものの、残念ながらほとんど利活用されることはありませんでした。

しかし、2007年に起きた年金納付記録問題を契機に、番号制度を再構築する機運が高まり、2016年からマイナンバー制度が開始されることになりました。マイナンバー制度では、マイナンバーカードに署名用電子証明書と利用者証明用電子証明書の２種類の証明書が搭載されており、マイナポータルという国民一人ひとりに対応したポータルサイトも設置されました。マイナンバーカードでマイナポータルにログインすれば、ここからさまざまな手続きが電子的に行えるという環境が整ったことになります。

さらに、2019年11月からはiPhoneでもマイナンバーカードを読み取ることができるようになり、マイナポータルへのログインが可能となりました。Androidを含めマイナンバーカード対応NFCスマートフォンであれば、マイナポータルAPをインストールすることで、スマホがマイナンバーカードの電子証明書を読み取ってマイナポータルへのアクセスができます。スマホでマイナポータルの画面を見ることもでき、またスマホの認証と連動してパソコンでマイナポータルの画面を見ることもできるため、今後電子的な手続きが拡大すると期待されています。

■図表1-3　マイナポータルの画面

（出典）マイナポータル（https://myna.go.jp/）

4　スマートフォン×マイナンバーカードで e-Tax

　このような環境変化に対応した例として e-Tax を取り上げましょう。すでに2019年１月から、「確定申告書等作成コーナー」でスマホ専用画面が利用できるようになり、また e-Tax の送信方式についても「マイナンバーカード方式」と「ID・パスワード方式」の選択ができるようになっています。

■図表1-4　e-Tax と対応方式（×は未対応）

	OS・ブラウザの種類		e-Tax		書面提出
			マイナンバーカード方式	ID・パスワード方式	
スマートフォン タブレット	Android	Google Chrome	○(1月31日〜)	○	○
	iPhone(iOS)	Safari	○(1月31日〜)	○	○
	ipadOS		×	○	○
パソコン	Windows	Internet Explorer	○	○	○
		Microsoft Edge(Windows10)	○(1月31日〜)	○	○
		Firefox	×	○	○
		Google Chrome	×	○	○
	Mac	Safari	○	○	○

（出典）国税庁ホームページ

■図表1-5　スマホ専用画面の利用対象者等

項目	平成30年分	令和元年分
収入	給与所得(年末調整済1か所)	給与所得(年末調整済1か所、年末調整未済、2か所以上に対応) 公的年金等、その他雑所得、一時所得
所得控除	医療費控除、寄附金控除	全ての所得控除
税額控除	政党等寄附金等特別控除	政党等寄附金特別控除、災害減免額
その他		予定納税額、本年分で差し引く繰越損失額、財産債務調書(案内のみ)

（出典）国税庁ホームページ

　さらに2020年1月31日（令和元年分の確定申告書等作成コーナー）からは、スマートフォンやMicrosoft Edgeからマイナンバーカードを利用したe-Tax送信のサービスが開始されています。

　また、スマホ専用画面も「平成30年分」からだいぶ拡充され、「令和元年分」では**図表1-5**のような対象範囲の人で利用できるようになりました。

■ 図表1-6　スマホを使った確定申告

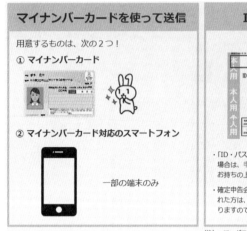

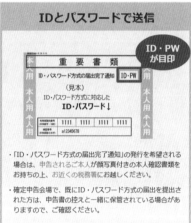

（出典）国税庁ホームページ

　そして、「マイナンバーカードとマイナンバーカード対応のスマートフォンをお持ちの方は e-Tax で」、「マイナンバーカード対応のスマートフォン等をお持ちでない方は ID・パスワード方式で」と、確定申告もパソコンからスマホの時代へと変わりつつあることを感じます。

3　デジタル手続法成立と IT 政策

1　社会全体のデジタル化推進

　デジタル手続法案に関する平井大臣の答弁で、「本法案は、行政のあり方の原則を紙からデジタルに転換することにより、単に過去の

延長線上で今の行政をデジタル化するのではなくて、(中略) デジタルを前提とした次の時代のための新たな社会基盤を構築するということが大きいことだと思います」(2019年4月26日) とあったように、国としてのIT政策・IT戦略も大きな転換を迎えています。

「デジタル時代の新たなIT政策大綱」(高度情報通信ネットワーク社会推進戦略本部・官民データ活用推進戦略会議、2019年6月7日) では、大綱の目的として「デジタル時代の国際競争に勝ち抜くための環境整備」と「社会全体のデジタル化による日本の課題の解決」の2つを掲げ、これを踏まえて第198回通常国会で「デジタル手続法」を成立させました。

そして、デジタル手続法は「行政手続のオンライン化の徹底や添付書類の撤廃等を推進し、デジタル技術を活用して簡素で効率的な行政の実現を目指すものであり、この法律をきっかけとして、さらに地方・民間も含めた「社会全体のデジタル化」につなげていく」という政府の強いコミットメントを示しています。すなわち、デジタル手続法とは国の行政手続に留まらず、民間も含めた社会全体のデジタル化を推進していくという強い国の意思なのです。

デジタル手続法の提案理由と「デジタル時代の新たなIT政策大綱」に記された政府の強い意志を下記に示しておきます。

<「デジタル手続法」の提案理由説明 (抜粋)>

情報通信技術が急速に進展し、国民の生活が大きく変化する中、社会課題の迅速かつ柔軟な解決や持続的な経済成長を実現するためには、社会全体のデジタル化を早急に進めていかなければなりません。行政においても、手続や業務に用いる情報を紙からデータへと転換し、デジタル化を推進していくことが喫緊の課題となっています。また、少子高齢化などの社会構造の変化により、社会の多様性が増していく中、情報通信技術の活用に当たっても、活用のための

能力や利用の機会の格差、いわゆるデジタルデバイドに配慮し、高齢者等も含め、全ての者が情報通信技術の便益を享受できる社会を実現することが重要です。本法案は、こうした状況を踏まえ、情報通信技術を活用した行政の推進に関する各種施策を講じ、もって国民生活の向上や国民経済の健全な発展に寄与することを目的とするものであります。

（第198回国会　内閣委員会　第13号　2019年4月17日議事録）

　（…略…）今般の「デジタル手続法」では、従来の方針を180度転換し、これまでオンライン化に関して国の行政機関等に認めていた裁量を排除して、原則として手続のオンライン化を国の行政機関等に義務付けることとした。さらに、これまで紙面の提出を求めていた登記事項証明書などの添付書類についても、添付を不要とする規定を設けている。

　これは、この法案をきっかけとして、まずは、政府においてデジタル技術の活用を大胆に進め、簡素で効率的な行政を実現し、さらに、地方・民間も含めた「社会全体のデジタル化」につなげていくことにより、少子高齢化の克服を進めるという、政府の強いコミットメントを示したものである。

（高度情報通信ネットワーク社会推進戦略本部・官民データ活用推進戦略会議「デジタル時代の新たなIT政策大綱」2019年6月7日）

2　地方と民間もデジタル化

　さらに、地方と民間に対して、「デジタル時代の新たなIT政策大綱」では次のように記されています。法律では地方は努力義務となっていますが、行政手続の多くを自治体が担っており、政府は地

方のデジタル化の取組みを後押ししていく姿勢です。

　そして、官民の手続きをデジタル化するには、民間のデジタル化を推進しなければ不可能であることも認識しています。政府としては文書保存のデジタル化等、民間のデジタル化についても推進していく計画です。

●地方のデジタル化の推進

　「デジタル手続法」においては、地方の行政手続のデジタル化については努力義務が課せられているところ、今後、地方公共団体がそれぞれの現状を踏まえて進めるデジタル化の取り組みを後押しする政策が必要となる。そのため、内閣官房が中心となり関係各省が連携して、地方のデジタル化の取り組みを後押しするための政策に関する議論に着手する。

●民間のデジタル・トランスフォーメーションの推進

　デジタル手続法により官民の手続きについてデジタル化を徹底していく中で、民間における文書保存等についても一層のデジタル化が期待されている。安心・安全なデータ流通を支える基盤となるトラストサービス（データの存在証明・非改ざん性の確認を可能とするタイムスタンプや、企業や組織を対象とする認証の仕組みなど）の活用のための制度の在り方を含め、関係省庁間で連携し、法令に基づき民間企業等が行う文書保存等の一層のデジタル化に向けた取組について検討を行い、令和元年度内に結論を得る。

（高度情報通信ネットワーク社会推進戦略本部・官民データ活用推進戦略会議「デジタル時代の新たな IT 政策大綱」2019年 6 月 7 日）

3　IT戦略もデジタルへ

　次に、「デジタル時代の新たなIT政策大綱」を踏まえた国家のIT戦略で、デジタル手続法の内容をどのように具体化しているのかを確認していきます。ただしその前に、IT戦略の名称変更についても触れておきます。

　2013年から使ってきた戦略名称である「世界最先端IT国家創造宣言」が2017年から「世界最先端IT国家創造宣言・官民データ活用推進基本計画」と変更されましたが、これは2016年に官民データ活用推進基本法が成立し、ITを活用するだけでなくデータも活用していくことを方向づけています。

　そして、2018年から「世界最先端デジタル国家創造宣言・官民データ活用推進基本計画」と名称が変わり、「IT国家」ではなく「デジタル国家」へと変わりました。その冒頭では「政府自らが徹底的にデジタル化に取り組む行政サービスのデジタル改革を起点として、地方公共団体や民間部門を通じた「ITを活用した社会システムの抜本改革」を断行」すると宣言しており、ITを活用するという姿勢からデジタルで行政サービスや社会システムを改革するという姿勢への転換が伺えます。

　特に戦略の冒頭部分において、デジタル手続法（元の文章では「デジタルファースト法案（仮称)」）を提出すると宣言しており、デジタル手続法はデジタル国家を創造するための大きな切り札として期待されていることがわかります。

　（…略…）デジタル技術を徹底的に活用した行政サービス改革の断行に向けて「デジタルファースト法案（仮称)」を速やかに国会に提出する。また、これまでの成果を「地方デジタル化総合パッケージ」として地方へ横展開する地方のデジタル改革、「データの安心提供

と安心利用を両立させるルールづくり」をはじめとした民間部門の
デジタル改革を推進する。さらには、政府・地方・民間全てを通じ
たデータ連携、サービスの融合により世界を先導する分野連携型
「デジタル改革プロジェクト」に重点的に取り組む。

（「世界最先端デジタル国家創造宣言・官民データ活用推進基本計画」2018
年6月）

2019年6月14日に閣議決定された「世界最先端デジタル国家創造
宣言・官民データ活用推進基本計画」においてもこの精神は受け継
がれ、「国民一人一人がデジタル化の恩恵を実感できるよう、未来を
しっかりと見据え、国民の理解を得ながら制度変更にも躊躇せず、
デジタル技術の社会実装を進めることが不可欠であり、健康・医
療・介護、農業、港湾・物流などの広範な分野において世界を先導
するデジタル改革プロジェクトに果敢に取り組む」と決意を表明し
ています。

さらに、「デジタル技術の社会実装に当たって、国内においては官
民のデジタル化が急務である」という認識の下、行政機関だけでな
く、民間も一体となったデジタル・ガバメントを推進して、次の時
代に継承できる社会基盤を築いていくことを目標としています。

4　IT戦略における具体的施策

「世界最先端デジタル国家創造宣言・官民データ活用推進基本計
画」の施策集において、デジタル手続法に直接関連するものを以下
に挙げておきます。以下のもの以外にも、ワンストップサービスな
ど関係の深いものもありますが、これはそれぞれの章で取り上げる
ことにします。

最初に取り上げられたのは、デジタル化3原則に沿った基盤整備
です。すでに2019年内に関係政省令が整備されており、国の施策と

してデジタル手続法を早急にかつ強力に推進していくという意思が伺えます。

［No. 1-1］デジタルファーストの実現に向けた法整備

●利用者視点の行政サービスを提供するため、デジタル化の3原則（デジタルファースト、ワンスオンリー及びコネクテッド・ワンストップ）に沿った行政サービスの実現に向けた基盤の整備が必要。

●内閣官房は各府省庁の協力を得て、行政手続等におけるオンライン化の徹底及び添付書類の撤廃等を実現するため、「デジタル手続法案」を平成31年3月に国会に提出し、令和元年5月に成立したところ。今後、令和元年内を目途に、オンライン化の適用除外の範囲等を内容とする関係政令の整備を行うとともに、各府省庁において、同法に基づく主務省令を整備する。

●これにより、行政手続等に係る国民の負担を軽減し、利用者中心の行政サービスの実現に寄与。

KPI（進捗）：デジタル手続法に基づく政省令の整備
KPI（効果）：未設定（令和元年度中に検討）

　次の施策もデジタル手続法の具体的な推進であり、やはり2019年内に情報システム整備計画を策定することとされ、具体的には、「デジタル・ガバメント実行計画」（2019年12月20日）のなかに情報システム整備が盛り込まれ、対象となる行政手続が別紙1から別紙3に整理され、公表されました。

［No. 1-2］デジタルファーストの実現に向けたシステム基盤の構築

●行政手続等におけるオンライン化の徹底及び添付書類の撤廃等を実現するためには、デジタルを前提とした業務の見直し（BPR）を

行った上で、オンライン手続を可能とするとともに、行政機関間や民間まで含めた情報連携を可能とするシステム基盤の整備が必要。

● このため、内閣官房は各府省庁の協力を得て、令和元年内を目途に、デジタル手続法に基づく情報システム整備計画を策定し、国及び地方公共団体の行政手続のオンライン化、本人確認や手数料支払いのオンライン化（オンライン手続時の手数料の減額等の優遇措置の検討を含む。）、添付書類の撤廃を可能とする情報連携、既存のインフラを活用した情報システムの共用化、データの標準化やAPIの整備、セキュリティ対策や個人情報の保護等の安全性及び信頼性を確保するための措置、デジタルデバイド対策、国民等への周知・広報等に係る事項を盛り込む。

● 各府省庁は、情報システム整備計画の策定に当たり、オンライン化や添付書類の省略の実現時期、情報システム整備の費用対効果及びオンライン利用率を明らかにする。また、情報システム整備計画に基づく取組を進めるに当たっては、利用者の負担軽減及び行政運営の効率化並びにオンライン利用率などのKPIを設定してその取組状況を毎年フォローアップする。

● これにより、デジタルファースト、ワンスオンリー及びコネクテッド・ワンストップを実現し、利用者視点の行政サービスの実現に寄与。

KPI（進捗）：デジタル手続法に基づく「情報システム整備計画」の
　　　　　　 策定
KPI（効果）：未設定（令和元年度中に検討）

　マイナンバーカードと公的個人認証サービスが海外転出後も継続して利用ができるよう、5年以内にサービスを開始することが盛り込まれています。

[No. 5-3] 海外におけるマイナンバーカード・公的個人認証サービスの継続利用

●海外転出後のマイナンバーカード・公的個人認証サービスの継続利用が必要。

●これらを可能とするため、住民基本台帳法（昭和42年法律第81号）、マイナンバー法、公的個人認証法等の改正を盛り込んだデジタル手続法が令和元年5月に成立。デジタル手続法の公布後5年以内のサービス開始に向け、地方公共団体その他の関係機関との調整を実施。

●これにより、海外転出後でもマイナンバーカード・公的個人認証サービスが継続利用でき、利便性が向上。

KPI（進捗）：マイナンバーカード・公的個人認証サービスの海外継続利用等に必要なシステム改修の実施

KPI（効果）：マイナンバーカード・公的個人認証サービスの海外継続利用等の実施

　近年大きな災害が続くわが国ですが、災害対策や生活再建支援にマイナンバー制度が活かされたという話を聞きません。当初の構想では、マイナンバーの利用範囲は社会保障と税に限られていましたが、東日本大震災後に災害対策も追加されました。避難者をマイナンバーで把握できれば、避難所への必要物資などが的確に供給できるだろうと期待されました。しかし、実態としては被災地でマイナンバーが活用されず、次のような施策が盛り込まれました。

[No. 5-9] 災害対策・生活再建支援へのマイナンバー制度活用検討

●災害対策・生活再建支援においては、ICT を有効活用することに

より、被災者のニーズに対し、これまで以上に迅速かつ的確に対応できるようにするとともに、被災者の負担軽減を図る必要。
- 被災者に適時適切なサービスを提供するため、以下の施策について具体的なスケジュールを定め実行。

＜マイナポータル活用＞

- 各種被災者支援申請について、被災者がマイナポータルの「サービス検索機能・電子申請機能（ぴったりサービス）」を利用することで、マイナポータルを使って遠隔地からも電子申請できるよう、「被災者支援制度におけるマイナポータルの活用に関するガイドライン」の周知等を通じ、地方公共団体への導入支援を実施。

＜被災者台帳管理＞

- 被災者台帳の作成事務において、「被災者台帳の作成等に関する実務指針」を活用し、災害発生時にマイナンバーを利用して円滑に庁内連携や庁外からの情報入手できるよう、引き続き周知。

＜添付書類不要化＞

- 被災者生活再建支援金の手続において、令和2年度から、マイナンバー制度の情報連携を活用し、住民票の写しの添付を不要化。さらに、デジタル手続法によりマイナンバー法が改正され罹災証明書の交付事務等が個人番号利用事務として追加されたことから、災害発生時にマイナンバーを利用した罹災証明情報の庁内連携が円滑に行えるよう、地方公共団体に対し、周知徹底する。なお、マイナンバーを利用した庁外連携については、今後、費用対効果や地方公共団体等のニーズ等を踏まえ、検討。

＜マイナンバーカードを活用した住民の避難状況の把握＞

- 平成30年度において有効性を確認したマイナンバーカードを活用した避難所入退所管理システムについて、災害発生時に活用されるように、今後、地方公共団体に対し普及啓発を実施。

KPI（進捗）：

  ＜マイナポータル活用（情報共有）＞

    被災者支援に関する説明会における参加地方公共団体（都道府県）数　（令和元年度47団体）

  ＜被災者台帳管理＞

    被災者支援に関する説明会における参加地方公共団体（都道府県）数　（令和元年度47団体）

  ＜添付書類不要化＞

    被災者支援に関する説明会における参加地方公共団体（都道府県）数　（令和元年度47団体）

  ＜マイナンバーカードを活用した住民の避難状況の把握＞

    地方公共団体への普及展開策の検討

KPI（効果）：

  ＜マイナポータル活用（情報共有）＞

    取扱機関（市町村）数

    （子育て及び介護ワンストップサービスに準ずる）

  ＜被災者台帳管理＞

    被災者台帳管理にマイナンバーの活用を予定している自治体数

  ＜添付書類不要化＞

    被災者生活再建支援金の手続において住民票の写しを不要化（令和２年度から実施）

    罹災証明書の情報の庁内連携にマイナンバーを活用する予定の自治体数

  ＜マイナンバーカードを活用した住民の避難状況の把握＞

    システムの活用を予定している地方公共団体の数

5 デジタル手続法を取り巻く、デジタル化推進の全体像

次章以降、デジタル手続法をはじめ、マイナンバーカード、行政手続コスト削減、デジタル・ガバメント計画、オンライン・ワンストップなどについて解説していきますが、それぞれのデジタル化施策が絡み合っているため、**図表1-7**を参照しながらここでその全体像を概観しておくことにします。

わが国のデジタル化を進める最も根本的な計画は、IT戦略である「世界最先端デジタル国家創造宣言・官民データ活用推進基本計画」（2017年当時の名称は「世界最先端IT国家創造宣言・官民データ活用推進基本計画」、2018年閣議決定で現在の名称に変更）です。この2017年版のIT戦略をもとに、行政分野を対象とした「デジタル・ガバメント推進方針」が策定されました。

しかし当時、規制改革推進会議でも行政手続改革を進めており、その成果として「規制制度改革との連携による行政手続・民間取引IT化に向けたアクションプラン」（別名「デジタルファースト・アクションプラン」）が策定され、これが別紙というかたちで「デジタル・ガバメント推進方針」と合体することになったわけです。

この「デジタル・ガバメント推進方針」をもとに、官民データ活用推進基本法を背景として決定されたのが「デジタル・ガバメント実行計画」です。この実行計画（初版）の中で「デジタルファースト・アクションプラン」が示す3原則に沿ってデジタル化を推進するため、一括整備法案を策定することが決定され、実行計画（改定版）で「デジタルファースト法案（仮称）」（後のデジタル手続法）を国会へ提出することが決定されました。

このようにデジタル手続法は、「デジタル・ガバメント実行計画」推進の一環として成立したものなのです。今回のデジタル手続法成

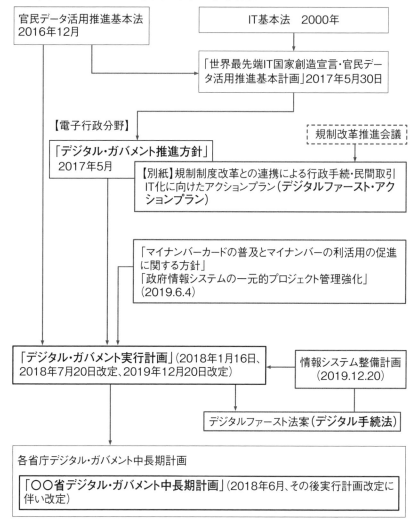

■図表1-7　デジタル手続法を取り巻く政策

立に伴い、実行計画も「情報システム整備計画」という位置づけを
もつ計画へと改定（2019年12月20日）されました。それと同時に、
今回の改定では「マイナンバーカードの普及とマイナンバーの利活

用の促進に関する方針」なども反映されています。そして、この実行計画の下に各省庁デジタル・ガバメント中長期計画が策定され、民間の実務に直接影響するデジタル改革が行われていく仕組みとなっているのです。

　つまり、規制改革推進会議の行政手続コスト削減、マイナンバーカード普及・マイナンバー利活用、ワンストップサービス（社会保険・税、引越し、死亡・相続）、各省庁の施策などが個々に推進されているように見えますが、デジタル手続法はこれらの施策全体を前進させる原動力のような役割を果たしています。

　次章以降、デジタル手続法が原動力となって行政をどのように変えていくのか、そして民間事業者はデジタル化にどのように対応すべきなのかを見ていきましょう。政府が民間事業者のデジタル化を強力に推進する理由は、いくら行政手続の電子化を進めても、民間から受け取る情報が電子化されていないと行政の業務プロセスをデジタル前提で改革できないからです。民間事業者もデジタル化対応を迫られることになりますが、それが自らの業務効率化につながり、行政のデジタル改革を促すという意識が必要です。

第2章
デジタル手続法の構造と基本的考え方

1 デジタル手続法の構造と基本原則

1 デジタル手続法の構造

デジタル手続法を理解するために、まず法律の構造を把握しておくことが重要です。デジタル手続法という一つの法律があるわけではなく、複数の法律改正を束ねたものを「デジタル手続法」と呼んでいます。第1章でも述べましたが、法律の正式名称は「情報通信技術の活用による行政手続等に係る関係者の利便性の向上並びに行政運営の簡素化及び効率化を図るための行政手続等における情報通信の技術の利用に関する法律等の一部を改正する法律」という長い名称です。

図表2-1を見てわかるように、デジタル手続法は7つの法律改正から構成されていますが、内容的に大きく3つの部分に分かれます。デジタル化の基本原則を定めたものが1条であり、デジタル化推進の基盤整備を行うものが2条から5条、デジタル化推進の個別施策としての法改正が6条から8条となっています。

本章では、デジタル化の基本原則を定めたデジタル手続法1条、すなわちデジタル行政推進法（改正行政手続オンライン化法）について解説していきます。そのため本章で扱う条番号や条文は、特に断りがない限りデジタル行政推進法の条番号・条文を指すことに注意してください。なお、【改正前】となっている条番号や条文は行政手続オンライン化法の条番号・条文を指しています。

■ デジタル手続法※

第1条　行政手続オンライン化法の改正 　　　→　**デジタル行政推進法**	デジタル化の 基本原則

第2条　住民基本台帳法の改正 第3条　公的個人認証法の改正 第4条　マイナンバー法の改正 第5条　　　　　同上	デジタル化推 進の基盤整備

第6条　中小企業退職金共済法の改正 第7条　母子保健法の改正 第8条　LP ガス法の改正	デジタル化推 進の個別施策

※正式名称は、「情報通信技術の活用による行政手続等に係る関係者の利便性の向上並び
　に行政運営の簡素化及び効率化を図るための行政手続等における情報通信の技術の利
　用に関する法律等の一部を改正する法律」
※公布日：2019.5.31　施行日：2019.12.16（ただし国外転出者関係は公布から5年以内）

2　デジタル行政推進法1条：目的

　デジタル手続法の1条は、従来の「行政手続オンライン化法」の
改正です。法律の基本原則や実行するための重要事項などを大きく
改正するとともに、法律の名称も「デジタル行政推進法」（正式名称
「情報通信技術を活用した行政の推進等に関する法律」）と改めまし
た。法律の名称変更に表現されているように、これまでの「行政手
続において技術を利用する」という姿勢から、「（デジタルを前提に）
技術を活用して行政を変えていく」という姿勢へと大きく変わった
ことがわかると思います。

　このデジタル行政推進法の1条には目的が記述されています。改
正前と改正後を比較すると、その内容ががらりと変わったことがわ
かると思います。

【改正前】
第1条　この法律は、行政機関等に係る申請、届出その他の手続等
　　に関し、電子情報処理組織を使用する方法その他の情報通信の技
　　術を利用する方法により行うことができるようにするための共通
　　する事項を定めることにより、国民の利便性の向上を図るととも
　　に、行政運営の簡素化及び効率化に資することを目的とする。

　改正前は、「行政機関等に係る申請、届出その他の手続等」を対象
として「国民の利便性の向上を図るとともに、行政運営の簡素化及
び効率化に資する」というかなり範囲の狭い目的になっていること
がわかります。ここには国民と行政しか登場しておらず、民間企業
や民間手続に関しては何も触れていませんでした。

【改正後】
第1条　この法律は、高度情報通信ネットワーク社会形成基本法
　　（平成12年法律第144号）第13条及び官民データ活用推進基本法（平
　　成28年法律第103号）第7条の規定に基づく法制上の措置として、
　　国、地方公共団体、民間事業者、国民その他の者があらゆる活動
　　において情報通信技術の便益を享受できる社会が実現されるよ
　　う、情報通信技術を活用した行政の推進について、その基本原則
　　及び情報システムの整備、情報通信技術の利用のための能力又は
　　利用の機会における格差の是正その他の情報通信技術を利用する
　　方法により手続等を行うために必要となる事項を定めるととも
　　に、民間手続における情報通信技術の活用の促進に関する施策に
　　ついて定めることにより、手続等に係る関係者の利便性の向上、
　　行政運営の簡素化及び効率化並びに社会経済活動の更なる円滑化
　　を図り、もって国民生活の向上及び国民経済の健全な発展に寄与

> することを目的とする。

　しかし改正後は、「国、地方公共団体、民間事業者、国民その他の者」があらゆる活動において便益を享受できる社会を目指すという、きわめて広い対象者を想定しています。そして、「手続等に係る関係者の利便性の向上、行政運営の簡素化及び効率化並びに社会経済活動の更なる円滑化を図り、もって国民生活の向上及び国民経済の健全な発展に寄与する」と社会全体の発展を促すという大きな目的へと変化しています。

　そのため「民間手続における情報通信技術の活用の促進に関する施策について定める」とあるように、民間手続もこの法律の対象となることが明記されており、民間企業の実務にも大きな影響が及んでくると考えられます。

3　デジタル行政推進法 2 条：基本 3 原則

　デジタル行政推進法 2 条では、基本原則が新設されました。従来の行政手続オンライン化法では、基本原則の条文はありませんでした。2 条の 1 項 1 号から 3 号まで 3 原則が示され、その基本 3 原則は略してデジタル・ファースト、ワンスオンリー、コネクテッド・ワンストップと呼ばれています。

【新設】

（基本原則）

第 2 条　情報通信技術を活用した行政の推進は、事務又は業務の遂行に用いる情報を書面等から官民データ（…略…）へと転換することにより、公共分野における情報通信技術の活用を図るとともに、情報通信技術を活用した社会生活の利便性の向上及び事業活動の効率化を促進することが、急速な少子高齢化の進展への対応

その他の我が国が直面する課題の解決にとって重要であることに鑑み、情報通信技術の利用のための能力又は知識経験が十分でない者に対する適正な配慮がされることを確保しつつ、高度情報通信ネットワーク社会（…略…）の形成に関する施策及び官民データの適正かつ効果的な活用の推進に関する施策の一環として、次に掲げる事項を旨として行われなければならない。

一　手続等並びにこれに関連する行政機関等の事務及び民間事業者の業務の処理に係る一連の行程が情報通信技術を利用して行われるようにすることにより、手続等に係る時間、場所その他の制約を除去するとともに、当該事務及び業務の自動化及び共通化を図り、もって手続等が利用しやすい方法により迅速かつ的確に行われるようにすること。

二　民間事業者その他の者から行政機関等に提供された情報については、行政機関等が相互に連携して情報システムを利用した当該情報の共有を図ることにより、当該情報と同一の内容の情報の提供を要しないものとすること。

三　社会生活又は事業活動に伴い同一の機会に通常必要とされる多数の手続等（これらの手続等に関連して民間事業者に対して行われ、又は民間事業者が行う通知を含む。以下この号において同じ。）について、行政機関等及び民間事業者が相互に連携することにより、情報通信技術を利用して当該手続等を一括して行うことができるようにすること。

①　デジタル・ファースト

「手続等並びにこれに関連する行政機関等の事務及び民間事業者の業務の処理に係る一連の行程が情報通信技術を利用して行われる」、つまり行政手続やサービスを一貫してデジタルで完結させるのが原則の第1です。これまでオンライン化を進めても、デジタル

データを紙にプリントアウトして処理したり、紙から再度データ入力をしてデジタル化するなど一貫したデジタル化が阻害されたり、添付書類、納付手続、交付物などがネックとなってデジタル手続の普及が阻害されたりしていました。すべてがデジタルで完結できるよう、手続きや業務のあり方そのものが見直され、障害となっている壁が取り払われることが期待されます。

② ワンスオンリー

「民間事業者その他の者から行政機関等に提供された情報については、当該情報と同一の内容の情報の提供を要しない」、つまり一度提出した情報は、再度提出しなくてもよいというのが原則の第2です。すでにマイナンバーによる行政機関間の情報連携では添付書類が省略されていますが、マイナンバー利用業務以外でも添付書類が省略できれば手続きが非常に楽になるとともに、手続きのデジタル化も進展すると期待されます。

③ コネクテッド・ワンストップ

「行政機関等及び民間事業者が相互に連携することにより、情報通信技術を利用して当該手続等を一括して行うことができる」、つまり引越しに伴う住所変更手続や死亡・相続に伴う手続きなど、行政と民間が関連する各種手続きにおいて、手続きが一箇所（ワンストップ）で済むことが原則の第3です。

2 デジタル化の推進方策と民間への影響

1 行政手続のオンライン原則と「申請等」

デジタル行政推進法の4条以降（3条は用語の定義）は、これら基

本3原則を実効性あるものとすべく、さまざまな事項を定めています。

　まず、行政手続のオンライン実施を原則化しました。ここでいう行政手続（条文では「手続等」）とは「申請等」「処分通知等」「縦覧等」「作成等」を意味します（デジタル行政推進法3条12号）。「申請等」とは「申請、届出その他の法令の規定に基づき行政機関等に対して行われる通知」、「処分通知等」とは「処分の通知その他の法令の規定に基づき行政機関等が行う通知」と定義されています。つまり、国民・民間から行政へという方向の手続きが「申請等」、行政から国民・民間へという方向の手続きが「処分通知等」ということになります。

　さらに、「縦覧等」とは「法令の規定に基づき行政機関等が書面等又は電磁的記録に記録されている事項を縦覧又は閲覧に供すること」、「作成等」とは「法令の規定に基づき行政機関等が書面等又は電磁的記録を作成し、又は保存すること」と定義されています。なお、裁判に関する手続きについては行政手続から除かれています。

　従来の行政手続オンライン化法では電子化の判断は各省庁の裁量に任されていましたが、今回は電子化を原則とすることになりました。具体的な条文を見ると、改正前（3条）は「書面等により行うこととしているもの」だけでしたが、改正後（6条）は「書面等により行うことその他のその方法が規定されているもの」とすべてをオンライン化の対象としています。

　また、本人確認や手数料納付もオンライン化する、つまりマイナンバーカードの電子署名で電子的な本人確認をすべきことや電子納付を活用して手数料納付をすることが6条の4項と5項に規定されています。

【改正前】
（電子情報処理組織による申請等）

第3条　行政機関等は、申請等のうち当該申請等に関する他の法令の規定により書面等により行うこととしているものについては、当該法令の規定にかかわらず、主務省令で定めるところにより、電子情報処理組織（…略…）を使用して行わせることができる。

【改正後】
（電子情報処理組織による申請等）
第6条　申請等のうち当該申請等に関する他の法令の規定において書面等により行うことその他のその方法が規定されているものについては、当該法令の規定にかかわらず、主務省令で定めるところにより、主務省令で定める電子情報処理組織（…略…）を使用する方法により行うことができる。
（2～3略）
4　申請等のうち当該申請等に関する他の法令の規定において署名等をすることが規定されているものを第1項の電子情報処理組織を使用する方法により行う場合には、当該署名等については、当該法令の規定にかかわらず、電子情報処理組織を使用した個人番号カード（…略…）の利用その他の氏名又は名称を明らかにする措置であって主務省令で定めるものをもって代えることができる。
5　申請等のうち当該申請等に関する他の法令の規定において収入印紙をもってすることその他の手数料の納付の方法が規定されているものを第1項の電子情報処理組織を使用する方法により行う場合には、当該手数料の納付については、当該法令の規定にかかわらず、電子情報処理組織を使用する方法その他の情報通信技術を利用する方法であって主務省令で定めるものをもってすることができる。
（略）

2 「処分通知等」「縦覧等」「作成等」

　同様に、「処分通知等」についても、改正前（4条）は「書面等により行うこととしているもの」だけでしたが、改正後（7条）は「書面等により行うことその他のその方法が規定されているもの」とすべてをオンライン化の対象としています。ただし、処分通知等を受け取るのは国民ですから、国民の事情に応じて国民がデジタルで受ける旨を表明した場合に限るとしています。

【改正前】

（電子情報処理組織による処分通知等）

第4条　行政機関等は、処分通知等のうち当該処分通知等に関する他の法令の規定により書面等により行うこととしているものについては、当該法令の規定にかかわらず、主務省令で定めるところにより、電子情報処理組織（…略…）を使用して行うことができる。

【改正後】

（電子情報処理組織による処分通知等）

第7条　処分通知等のうち当該処分通知等に関する他の法令の規定において書面等により行うことその他のその方法が規定されているものについては、当該法令の規定にかかわらず、主務省令で定めるところにより、主務省令で定める電子情報処理組織を使用する方法により行うことができる。ただし、当該処分通知等を受ける者が当該電子情報処理組織を使用する方法により受ける旨の主務省令で定める方式による表示をする場合に限る。

さらに、「縦覧等」については8条、「作成等」については9条で規定されていますが、参考までそれぞれ1項のみを次に示しておきます。

【改正後】

（電磁的記録による縦覧等）

第8条　縦覧等のうち当該縦覧等に関する他の法令の規定において書面等により行うことが規定されているもの（申請等に基づくものを除く。）については、当該法令の規定にかかわらず、主務省令で定めるところにより、当該書面等に係る電磁的記録に記録されている事項又は当該事項を記載した書類により行うことができる。

（電磁的記録による作成等）

第9条　作成等のうち当該作成等に関する他の法令の規定において書面等により行うことが規定されているものについては、当該法令の規定にかかわらず、主務省令で定めるところにより、当該書面等に係る電磁的記録により行うことができる。

3　添付書類の撤廃

　行政機関間の情報連携等により省略可能となる添付書類について、法令上省略可能とする規定を整備しています。これは行政手続オンライン化法にはなかった規定であり、今回新設されました。

　マイナンバー制度の情報提供ネットワークシステムが稼働し、マイナンバー業務においてはすでに住民票や所得証明書などの添付書類が省略されています。第2原則のワンスオンリーを実現するための条文になっています。

> **【新設】**
>
> 第3節　添付書面等の省略
>
> 第11条　申請等をする者に係る住民票の写し、登記事項証明書その他の政令で定める書面等であって当該申請等に関する他の法令の規定において当該申請等に際し添付することが規定されているものについては、当該法令の規定にかかわらず、行政機関等が、当該申請等をする者が行う電子情報処理組織を使用した個人番号カードの利用その他の措置であって当該書面等の区分に応じ政令で定めるものにより、直接に、又は電子情報処理組織を使用して、当該書面等により確認すべき事項に係る情報を入手し、又は参照することができる場合には、添付することを要しない。

　具体的に省略される添付書類として、登記事項証明書（2020年度情報連携開始予定）、戸籍謄抄本等（2023年度に戸籍電子証明書の提供開始予定）、本人確認書類（電子署名による代替）などが想定されています。

4　情報システム整備計画の作成

　手続きのオンライン化原則と添付書類撤廃を実現するため、政府に情報システム整備計画の作成が義務付けられ、閣議決定と公表の義務が課されています。さらに、国の行政機関はこの整備計画に基づいてシステム整備を行うことが義務付けられています。

　行政手続オンライン化法においても、情報システムの整備については条文がありましたが、下記のように情報システム整備計画の作成については触れられておらず、情報システムの整備に努力することだけに留まっていました。つまり行政手続をオンライン化するための情報システム整備は、各省庁の裁量に委ねられていたわけです。

【改正前・削除】

（国の手続等に係る情報システムの整備等）

第８条　国は、行政機関等に係る手続等における情報通信の技術の利用の推進を図るため、情報システムの整備その他必要な措置を講ずるよう努めなければならない。

２　国は、前項の措置を講ずるに当たっては、情報通信の技術の利用における安全性及び信頼性を確保するよう努めなければならない。

３　国は、行政機関等に係る手続等における情報通信の技術の利用の推進に当たっては、当該手続等の簡素化又は合理化を図るよう努めなければならない。

　デジタル行政推進法では、情報システム整備に関する行政手続オンライン化法８条を削除し、４条（情報システム整備計画）と５条（国の行政機関等による情報システムの整備等）を新設しました。４条１項では「情報システムの整備に関する計画を作成しなければならない」と計画作成を義務付けています。そして、４条２項では整備計画の内容について、計画期間、基本的方針、情報システムの範囲・整備内容・実施期間、添付省略の種類とそのシステム内容と実施期間、データ標準化・外部連携機能などを盛り込むことを具体的に規定しています。

　さらに、３項と４項では、内閣総理大臣に対して、情報システム整備計画案の作成と閣議決定の要求を義務化し、閣議決定後の情報システム整備計画の公表も義務付けるというデジタル化へのかなり強い意思を示しています。

【新設】

（情報システム整備計画）

第4条　政府は、情報通信技術を利用して行われる手続等に係る国の行政機関等の情報システム（…略…）の整備を総合的かつ計画的に実施するため、情報システムの整備に関する計画（…略…）を作成しなければならない。

2　情報システム整備計画は、次に掲げる事項について定めるものとする。

一　計画期間

二　情報システムの整備に関する基本的な方針

三　申請等及び申請等に基づく処分通知等を電子情報処理組織を使用する方法により行うために必要な情報システムの整備に関する次に掲げる事項

　　イ　申請等及び申請等に基づく処分通知等のうち、情報システムの整備により電子情報処理組織を使用する方法により行うことができるようにするものの範囲

　　ロ　イの情報システムの整備の内容及び実施期間

四　申請等に係る書面等の添付を省略するために必要な情報システムの整備に関する次に掲げる事項

　　イ　申請等に係る書面等のうち、情報システムの整備により添付を省略することができるようにするものの種類

　　ロ　イの情報システムの整備の内容及び実施期間

五　情報システムを利用して迅速に情報の授受を行うために講ずべき次に掲げる措置に関する事項

　　イ　データの標準化（電磁的記録において用いられる用語、符号その他の事項を統一し、又はその相互運用性を確保することをいう。）

ロ　外部連携機能（プログラムが有する機能又はデータを他の
　　　プログラムにおいて利用し得るようにするために必要な機能
　　　をいう。）の整備及び当該外部連携機能に係る仕様に関する情
　　　報の提供
　六　行政機関等による情報システムの共用の推進に関する事項
　七　その他情報システムの整備に関する事項
3　内閣総理大臣は、情報システム整備計画の案を作成し、閣議の
　決定を求めなければならない。
4　内閣総理大臣は、前項の規定による閣議の決定があったとき
　は、遅滞なく、情報システム整備計画を公表しなければならない。
5　前2項の規定は、情報システム整備計画の変更について準用す
　る。

5　情報システムの整備

　5条では情報システムの整備について規定されており、1項では
「情報システム整備計画に従って情報システムを整備しなければな
らない」と情報システムの整備を義務付けています。しかし、情報
システム整備に伴う業務プロセスの改革においては、3項で「当該
情報システムを利用して行われる手続等及びこれに関連する行政機
関等の事務の簡素化又は合理化その他の見直しを行うよう努めなけ
ればならない」と努力義務に留まっていることが若干残念です。

　国民にとって行政手続の多くは国ではなく自治体ですが、自治体
については4項で「国の行政機関等以外の行政機関等」という表現
がされています。ここでは「国の行政機関等が前3項の規定に基づ
き講ずる措置に準じて、情報通信技術を利用して行われる手続等に
係る当該行政機関等の情報システムの整備その他の情報通信技術を
活用した行政の推進を図るために必要な施策を講ずるよう努めなけ

ればならない」と規定され、国に準じてデジタル化を進めていくことになりますが、国とは異なり「努力義務」という規定に留まっています。

【新設】

（国の行政機関等による情報システムの整備等）

第5条　国の行政機関等は、情報システム整備計画に従って情報システムを整備しなければならない。

2　国の行政機関等は、前項の規定による情報システムの整備に当たっては、当該情報システムの安全性及び信頼性を確保するために必要な措置を講じなければならない。

3　国の行政機関等は、第1項の規定による情報システムの整備に当たっては、これと併せて、当該情報システムを利用して行われる手続等及びこれに関連する行政機関等の事務の簡素化又は合理化その他の見直しを行うよう努めなければならない。

4　国の行政機関等以外の行政機関等は、国の行政機関等が前3項の規定に基づき講ずる措置に準じて、情報通信技術を利用して行われる手続等に係る当該行政機関等の情報システムの整備その他の情報通信技術を活用した行政の推進を図るために必要な施策を講ずるよう努めなければならない。

5　国は、国の行政機関等以外の行政機関等が講ずる前項の施策を支援するため、情報の提供その他の必要な措置を講ずるよう努めなければならない。

6　自治体の努力義務

自治体においては、この「努力義務」をどのように解釈するのかが問題となっています。もちろん地方分権一括法（正式名称「地方

分権の推進を図るための関係法律の整備等に関する法律」)の施行以来、法令の解釈権は自治体にありますので、どのように解釈するかは自治体に委ねられているのですが、ここでは一つの解釈を示しておきます。

　法律で「できる」という規定は、意思によって参加ができることを意味し、参加しなくても問題はありません。また、「しなければならない」という規定は、意思に関係なく参加しなければならず、例外規定等のルールなしに離脱することはできません。「努めるものとする」という規定は、意思によって離脱することができるという意味で、参加も離脱もその意思次第ということになります。ただし、参加するのか離脱するのかの意思を明確にし、住民や議会に説明する責任が生じると解釈されています。

　これを筆者なりにもう少し現実的に考えてみると、自治体すべてに義務を課すとなると、住民の異動や手続きが頻繁には生じない町や村まで対象になってしまいます。このような小規模な自治体にまでデジタル化を義務付けることは、かえって負担を重くして混乱を招くだけになってしまうでしょう。政府の思いとしては「町や村まで押し付けるつもりはないが、市レベル以上の自治体はできるだけ国と足並みをそろえてデジタル化を推進してほしい」というものではないでしょうか。

　法案の審議過程で「努力義務を課すだけで地方のデジタル化が進むのか」という質問があったそうですが、政府としては「義務付けは困難ながらも、自治体における手続きのオンライン化の重要性は十分認識しているため、自治体のデジタル化への取り組みを支援していく」という回答をしています。

　なお、自治体独自の条例や規則に基づく手続きについても補足しておきますが、13条で規定されているように、これらのデジタル化についても同様の努力義務が課せられています。

【改正後】

（条例又は規則に基づく手続における情報通信技術の利用）

第13条　地方公共団体は、情報通信技術を活用した行政の推進を図るため、条例又は規則に基づく手続について、手続等に準じて電子情報処理組織を使用する方法その他の情報通信技術を利用する方法により行うことができるようにするため、必要な施策を講ずるよう努めなければならない。

2　国は、地方公共団体が講ずる前項の施策を支援するため、情報の提供その他の必要な措置を講ずるよう努めなければならない。

7　デジタル・デバイドの是正

12条では、デジタル・デバイドを是正する条項が新設されました。年齢、身体的な条件、地理的な制約などに起因するIT弱者に対して、身近に相談したり、助言や援助を求められるようにすると同時に、それに対応する援助者の確保についても国への義務付けが行われています。また、自治体も国に準じた施策を実施する努力義務が課せられています。

【新設】

（情報通信技術の利用のための能力等における格差の是正）

第12条　国は、情報通信技術を活用した行政の推進に当たっては、全ての者が情報通信技術の便益を享受できるよう、情報通信技術の利用のための能力又は知識経験が十分でない者が身近に相談、助言その他の援助を求めることができるようにするための施策、当該援助を行う者の確保及び資質の向上のための施策その他の年齢、身体的な条件、地理的な制約その他の要因に基づく情報通信

技術の利用のための能力又は利用の機会における格差の是正を図るために必要な施策を講じなければならない。

2　地方公共団体は、国が前項の規定に基づき講ずる施策に準じて、情報通信技術の利用のための能力又は利用の機会における格差の是正を図るために必要な施策を講ずるよう努めなければならない。

8　民間手続におけるデジタル化推進

3原則の1つにコネクテッド・ワンストップがあり、「行政機関等及び民間事業者が相互に連携することにより、情報通信技術を利用して当該手続等を一括して行うことができる」ことを目指しています。つまり、行政機関だけがデジタル化しても、行政手続と同時に行われる民間手続がデジタル化されていないとコネクテッド・ワンストップは実現不可能になってしまいます。

そこで利用者が手続きを行う際、デジタルで一括して手続きが可能となるよう、民間も行政と連携するよう努力義務が課せられました。2つの条文が新設され、14条では「民間事業者と行政機関等との連携等」が、15条では「民間手続における情報通信技術の活用の促進のための環境整備等」が規定されています。

14条で「手続等密接関連業務」という言葉が出てきますが、これは「（行政の）手続等に密接に関連し、これと同一の機会に民間手続が必要となる業務」を指しています。具体的には、引越しや死亡・相続などに関連する業務が思い浮かぶでしょう。そして「民間手続」とは「契約の申込み又は承諾その他の通知」と定義され、裁判手続等や（行政の）申請等・処分通知等とは区別されています。

14条1項の最後に「（民間事業者は）当該手続等に係る行政機関等との連携を確保するよう努めなければならない」とあるように、民

間事業者にもデジタル化の努力義務が課せられています。零細な事業者まで対応を迫られることはないでしょうが、ある程度の規模の事業者であればこのような要請に対して応えていく必要があります。

　もちろん14条2項で、国も「必要な情報の提供、助言その他の援助」を行うと規定されており、民間企業としては国と緊密な連携をとって支援を受けながらデジタル化を進めていくことが望ましいと考えられます。

【新設】

（民間事業者と行政機関等との連携等）

第14条　手続等密接関連業務（…略…）を取り扱う民間事業者は、当該民間手続が情報通信技術を利用する方法により当該手続等と一括して行われるようにするため、当該民間手続を電子情報処理組織（…略…）を使用する方法その他の情報通信技術を利用する方法により行うとともに、当該手続等に係る行政機関等との連携を確保するよう努めなければならない。

2　国は、前項の連携のため、同項の民間事業者に対し、必要な情報の提供、助言その他の援助を行うものとする。

　15条では、民間事業者の契約や取引において安全なデジタル手続ができるよう、国として必要な施策を実施すると規定されています。また、民間事業者とその相手方において、安全面で支障がなければオンライン化を可能とするよう法制上の措置も行うと規定されており、行政だけでなく民間事業者における手続きのデジタル化についても、国として積極的に取り組んでいく姿勢です。今後、民間の実務において、手続きのデジタル化がますます進んでいく契機となるかもしれません。

【新設】

（民間手続における情報通信技術の活用の促進のための環境整備等）

第15条　国は、民間手続における情報通信技術の活用の促進を図る
　　ため、契約の締結に際しての民間事業者による情報提供の適正
　　化、取引における情報通信技術の適正な利用に関する啓発活動の
　　実施その他の民間事業者とその民間手続の相手方との間の取引に
　　おける情報通信技術の安全かつ適正な利用を図るために必要な施
　　策を講ずるものとする。

2　　国は、前項の施策の実施状況を踏まえ、民間事業者とその民間
　　手続の相手方との間の取引における情報通信技術の安全かつ適正
　　な利用に支障がないと認めるときは、民間手続（当該民間手続に
　　関する法令の規定において書面等により行うことその他のその方
　　法が規定されているものに限る）が電子情報処理組織を使用する
　　方法その他の情報通信技術を利用する方法により行われることが
　　可能となるよう、法制上の措置その他の必要な施策を講ずるもの
　　とする。

3　適用除外

1　手続きの適用除外規定

　改正前の行政手続オンライン化法では、7条に法律の適用除外が
規定されていました。そして、具体的な法律および手続きについて
は別表に記載され、35もの法律がその対象となっていました。

【改正前・削除】

（適用除外）

第7条　別表の上欄に掲げる法律の同表の中欄に掲げる規定に基づ
　　く手続等については、それぞれ同表の下欄に定めるこの法律の規
　　定は、適用しない。

※上記により適用除外となっていた法律（以下の35本、別表から抜
　粋）

地方自治法、風俗営業等の規制及び業務の適正化等に関する法律、
古物営業法、漁業法、公職選挙法、電波法、火薬類取締法、質屋営
業法、地方税法、旅券法、出入国管理及び難民認定法、日本国とア
メリカ合衆国との間の相互協力及び安全保障条約第六条に基づく施
設及び区域並びに日本国における合衆国軍隊の地位に関する協定の
実施に伴う土地等の使用等に関する特別措置法、売春防止法、地方
教育行政の組織及び運営に関する法律、核原料物質、核燃料物質及
び原子炉の規制に関する法律、銃砲刀剣類所持等取締法、婦人補導
院法、国税徴収法、道路交通法、国税通則法、住居表示に関する法
律、自動車の保管場所の確保等に関する法律、住民基本台帳法、警
備業法、外国弁護士による法律事務の取扱いに関する特別措置法、
日本国との平和条約に基づき日本の国籍を離脱した者等の出入国管
理に関する特例法、化学兵器の禁止及び特定物質の規制等に関する
法律、特定非営利活動促進法、無差別大量殺人行為を行った団体の
規制に関する法律、自動車運転代行業の業務の適正化に関する法
律、電子署名等に係る地方公共団体情報システム機構の認証業務に
関する法律、市町村の合併の特例に関する法律、更生保護法、日本
国憲法の改正手続に関する法律、行政手続における特定の個人を識
別するための番号の利用等に関する法律

別表記載の具体的な例として、住民基本台帳法とマイナンバー法（正式名称「行政手続における特定の個人を識別するための番号の利用等に関する法律」）を見ると、次のように記載されています。住民基本台帳法の場合は、転入、転居、転出、世帯変更、住民票コード変更などの手続き、マイナンバー法の場合は、番号の通知などの手続きが具体的に適用除外となっています。

別表（第7条関係）の一部

住民基本台帳法（昭和42年法律第81号）	第22条第1項、第23条、第24条（第24条の2第1項本文及び第2項本文の規定の適用を受ける場合を除く。）、第25条、第30条の4第1項及び第30条の46から第30条の48まで	第3条
	第12条の4第4項、第30条の3第3項、第30条の4第4項、第30条の32第2項及び第30条の35	第4条
行政手続における特定の個人を識別するための番号の利用等に関する法律（平成25年法律第27号）	第7条第1項及び第2項並びに附則第3条第1項から第3項まで	第4条

　デジタル行政推進法で行政手続オンライン化法の7条とその別表を削除したということは、これまでオンライン化はできないと宣言していた手続きに対し、再度本当にオンライン化できないのかどうかを考え直すよう迫ったものと捉えることができます。

もちろんすべてがオンライン化できるわけではなく、適用除外規定として新たに10条を新設し、虚偽の有無を対面で確認する必要がある場合、許可証その他の処分通知等に係る書面等を事業所に備え付ける必要がある場合などは適用を除外することができます。ただし、政令で定めなければなりません。

　なお、10条１項の「この節の規定」とは、「第２節　手続等における情報通信技術の利用」の規定であり、６条（電子情報処理組織による申請等）、７条（電子情報処理組織による処分通知等）、８条（電磁的記録による縦覧等）、９条（電磁的記録による作成等）を指しています。

【新設】

（適用除外）

第10条　次に掲げる手続等については、この節の規定は、適用しない。

　一　手続等のうち、申請等に係る事項に虚偽がないかどうかを対面により確認する必要があること、許可証その他の処分通知等に係る書面等を事業所に備え付ける必要があることその他の事由により当該手続等を電子情報処理組織を使用する方法その他の情報通信技術を利用する方法により行うことが適当でないものとして政令（…略…）で定めるもの

　二　手続等のうち当該手続等に関する他の法令の規定において電子情報処理組織を使用する方法その他の情報通信技術を利用する方法により行うことが規定されているもの（…略…）

　例えば、オンラインのみで転入手続が可能となれば、（実際に居住しない、ありえない住所への転入など）虚偽の転入手続が増える可能性があります。ある政党や候補者を支援するために、３カ月前に

転入手続をしてその自治体における選挙権を持つことなどが目的です。このような不正な選挙行為を防ぐために、オンライン化はせず対面による確認などが必要になる場合もあります。

　政令を見ると、住民票コードの通知など処分通知等については除外されましたが、転入手続については除外されませんでした。転入手続については（次に述べますが）総務省令で部分的に除外（対面による本人確認）されると思われます。

2　部分的な適用除外規定

　10条は手続きそのものを適用除外とする規定ですが、手続きはオンライン化するものの、部分的にオンラインが適用できない場合があります。手続きには申請等と処分通知等がありますが、申請等については6条6項、処分通知等については7条5項が新設され、部分的な適用除外について定められています。

　申請等の手続きにおいては、下記のような場合に主務省令を定めることによって「どうしてもオンライン化できない部分」を適用除外とすることができます。

・対面により本人確認をするべき事情がある場合
・書面等の原本を確認する必要がある場合
・申請等においてオンラインで行うことが困難又は著しく不適当と
　認められる部分がある場合

【新設】

（電子情報処理組織による申請等）

第6条

（1〜5略）

6　申請等をする者について対面により本人確認をするべき事情が
　ある場合、申請等に係る書面等のうちにその原本を確認する必要

があるものがある場合その他の当該申請等のうちに第1項の電子情報処理組織を使用する方法により行うことが困難又は著しく不適当と認められる部分がある場合として主務省令で定める場合には、主務省令で定めるところにより、当該申請等のうち当該部分以外の部分につき、前各項の規定を適用する。この場合において、第2項中「行われた申請等」とあるのは、「行われた申請等（第6項の規定により前項の規定を適用する部分に限る。以下この項から第5項までにおいて同じ。）」とする。

　同様に、処分通知等の手続きにおいても、下記のような場合に主務省令を定めることによって「どうしてもオンライン化できない部分」を適用除外とすることができます。
・対面により本人確認をするべき事情がある場合
・書面等の原本を交付する必要がある場合
・処分通知等においてオンラインで行うことが困難又は著しく不適当と認められる部分がある場合

【新設】
（電子情報処理組織による処分通知等）
第7条
（略）
5　処分通知等を受ける者について対面により本人確認をするべき事情がある場合、処分通知等に係る書面等のうちにその原本を交付する必要があるものがある場合その他の当該処分通知等のうちに第1項の電子情報処理組織を使用する方法により行うことが困難又は著しく不適当と認められる部分がある場合として主務省令で定める場合には、主務省令で定めるところにより、当該処分通知等のうち当該部分以外の部分につき、前各項の規定を適用す

る。この場合において、第2項中「行われた処分通知等」とあるのは、「行われた処分通知等（第5項の規定により前項の規定を適用する部分に限る。以下この項から第4項までにおいて同じ。）」とする。

3　他の法律における適用除外規定の削除

　適用除外については、他の法律の条文のなかに記載されている場合もあります。例えば、「この法律は、行政手続オンライン化法の3条（電子情報処理組織による申請等）と4条（電子情報処理組織による処分通知等）は適用しない」と記載し、行政手続をオンライン化しないと宣言している法律があります。

　これらについては、デジタル手続法の附則で削除するような措置がとられています。その例を挙げると、例えばデジタル手続法附則11条（財政法の一部改正）は次のような条文になっています。

（財政法の一部改正）
第11条　財政法(昭和22年法律第34号)の一部を次のように改正する。
　第46条の2を削る。

　そして、財政法では具体的に下記の条文が削除されており、財政法もデジタル行政推進法を適用することになりました。もちろん申請等や処分通知等でどうしてもオンライン化ができない理由があれば、政省令で除外する規定を定めることになります。

【削除】
第46条の2　この法律又はこの法律に基づく命令の規定による手続については、行政手続等における情報通信の技術の利用に関する

> 法律（平成14年法律第151号）第３条及び第４条の規定は、適用しない。

　このように、これまで行政手続オンライン化法の適用を免れていた法律に対しては、すべてその適用除外規定を削除する措置がとられました。財政法以外にも次のような法律が対象となっており、これまで適用を除外していた法律についても再度デジタル化について検討し直すよう迫っているものと捉えられます。

> 会計法、私的独占の禁止及び公正取引の確保に関する法律、戸籍法、金融商品取引法、国有財産法、公認会計士法、古物営業法、政府契約の支払遅延防止等に関する法律、公職選挙法、国家公務員等の旅費に関する法律、予算執行職員等の責任に関する法律、地方税法、補助金等に係る予算の執行の適正化に関する法律、物品管理法、国の債権の管理等に関する法律、商業登記法、法人税法、消費税法、工業所有権に関する手続等の特例に関する法律、電子計算機を使用して作成する国税関係帳簿書類の保存方法等の特例に関する法律、不動産登記法、日本国憲法の改正手続に関する法律、地方法人税法

　日本国憲法の改正手続に関する法律を見ると、次のように20条４項と33条４項の除外規定が削除され、投票人名簿および在外投票人名簿の調製の電子化が可能となります。

> 【改正後】
> （投票人名簿）
> 第20条　（略）
> 　２・３　（略）
> 　【削除】４　投票人名簿の調製については、行政手続等における情

報通信の技術の利用に関する法律（平成14年法律第151号）第6条の規定は、適用しない。

　4　（略）

（在外投票人名簿）

第33条　（略）

　2・3　（略）

　【削除】4　在外投票人名簿の調製については、行政手続等における情報通信の技術の利用に関する法律第6条の規定は、適用しない。

　4　（略）

4　雑則

　「第4章　雑則」の16条と17条では、情報通信技術を活用した行政の推進に関する状況の公表について規定されています。16条における国の公表については、これまで「少なくとも毎年度一回」公表するというものでしたが、改正後は「随時」公表すると規定されています。また公表内容について、これまで「情報通信の技術の利用に関する状況」という規定でしたが、「情報通信技術を活用した行政の推進に関する状況」という踏み込んだものに変わっています。17条における自治体の公表内容も国と同様のものに変わっています。

【改正後】

（情報通信技術を活用した行政の推進に関する状況の公表）

第16条　国の行政機関等は、電子情報処理組織を使用する方法により行うことができる当該国の行政機関等に係る申請等及び処分通知等その他この法律の規定による情報通信技術を活用した行政の推進に関する状況について、インターネットの利用その他の方法

により随時公表するものとする。

2　内閣総理大臣は、前項の規定により公表された事項を取りまとめ、その概要について、インターネットの利用その他の方法により随時公表するものとする。

【改正後】

第17条　国の行政機関等以外の行政機関等は、電子情報処理組織を使用する方法により行うことができる当該行政機関等に係る申請等及び処分通知等その他この法律の規定による情報通信技術を活用した行政の推進に関する状況について、インターネットの利用その他の方法により公表するものとする。

第3章
デジタル化推進の
基盤整備と個別施策

前章でデジタル手続法の構造を示し、第1の部分である「デジタル化の基本原則」について解説しました。本章では第2の部分「デジタル化推進の基盤整備」と第3の部分「デジタル化推進の個別施策」について解説していきます。ただし、「デジタル化推進の個別施策」は個別の法改正を追加しただけですので、これについては簡単に触れるだけにとどめ、第2の部分「デジタル化推進の基盤整備」を中心に解説していきます。

　「デジタル化推進の基盤整備」は、デジタル手続法の2条から5条に該当し、住民基本台帳法、公的個人認証法（正式名称「電子署名等に係る地方公共団体情報システム機構の認証業務に関する法律」）、マイナンバー法（正式名称「行政手続における特定の個人を識別するための番号の利用等に関する法律」）の3つの法律改正から構成されています。しかし、デジタル化推進の基盤整備では下記の4つの目的を持っており、この4つの目的を実現するために、3つの法律改正が複雑に入り組んだかたちになっています。

①国外転出者へのデジタル対応
②本人確認情報の長期保存
③マイナンバーカードの利用拡大と普及
④マイナンバーの利用事務と情報連携の拡大

　そこで、それぞれの目的ごとに、法改正の背景やその内容について確認していきます。

1 国外転出者へのデジタル対応

1 増え続ける海外在留邦人

　「海外在留邦人数調査統計」（外務省領事局政策課）によれば、国外に滞在する日本国民の数は特に2000年以降増え続け、2017年10月1日現在で135万人を超えるまでになっています（**図表3−1**）。これだけ海外在留邦人が増えれば、出生・婚姻などの手続きのみならず、税や社会保障などの行政手続も増加していきます。

　このような背景から、国外転出者つまり在外邦人にもマイナンバーを付番し、マイナポータルを活用して行政手続を可能にしようという構想がありました。具体的には、年金の現況届等の手続きをオンラインで可能にするとともに、将来的にはインターネットによる在外投票も可能にすることが検討されており、2019年に法制化することも視野に入っていました。

　しかし、マイナンバーやマイナンバーカード（公的個人認証）は、住民基本台帳を基礎に制度が構築されています。つまり、国外へ転出して住民基本台帳から消除されてしまうと、マイナンバーやマイナンバーカード（公的個人認証）を使い続けるための根拠がなくなってしまいます。そこで、戸籍の附票を使って国外転出者の本人確認の公証（電子証明書発行・マイナンバーカードの交付）をするよう制度が改正されました。

　戸籍の附票とは、戸籍と住民基本台帳を結び付けるもので、本籍地で戸籍とともに管理されています。国民は引越しなどで住所が変わりますが、転入して新たな住所を設定すると、転入を受け付けた自治体は住民基本台帳に記載するとともに、本籍地に新住所が確定したことを連絡します。そして、連絡を受けた本籍地ではその国民

■ 図表3-1　海外在留邦人の推移

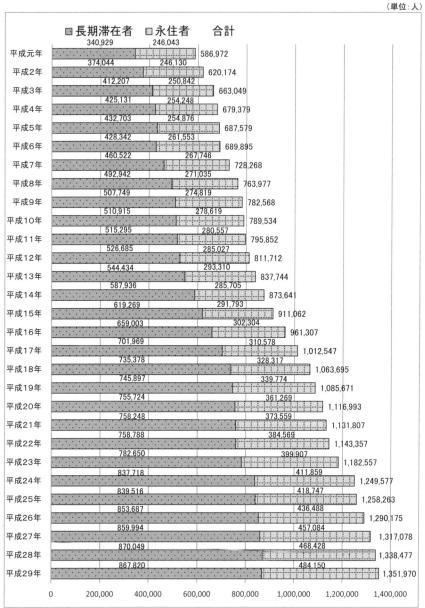

各年10月1日現在
（単位：人）

	長期滞在者	永住者	合計
平成元年	340,929	246,043	586,972
平成2年	374,044	246,130	620,174
平成3年	412,207	250,842	663,049
平成4年	425,131	254,248	679,379
平成5年	432,703	254,876	687,579
平成6年	428,342	261,553	689,895
平成7年	460,522	267,746	728,268
平成8年	492,942	271,035	763,977
平成9年	507,749	274,819	782,568
平成10年	510,915	278,619	789,534
平成11年	515,295	280,557	795,852
平成12年	526,685	285,027	811,712
平成13年	544,434	293,310	837,744
平成14年	587,936	285,705	873,641
平成15年	619,269	291,793	911,062
平成16年	659,003	302,304	961,307
平成17年	701,969	310,578	1,012,547
平成18年	735,378	328,317	1,063,695
平成19年	745,897	339,774	1,085,671
平成20年	755,724	361,269	1,116,993
平成21年	758,248	373,559	1,131,807
平成22年	758,788	384,569	1,143,357
平成23年	782,650	399,907	1,182,557
平成24年	837,718	411,859	1,249,577
平成25年	839,516	418,747	1,258,263
平成26年	853,687	436,488	1,290,175
平成27年	859,994	457,084	1,317,078
平成28年	870,049	468,428	1,338,477
平成29年	867,820	484,150	1,351,970

（出典）「海外在留邦人数調査統計」外務省領事局政策課（2017年10月1日現在）

の戸籍とともに管理されている戸籍の附票に、確定した新住所を記載します。このような情報のやりとりで、戸籍に記載されている国民が現在どこに居住しているかが把握されています。

戸籍の附票に関しては、戸籍法ではなく住民基本台帳法で規定されています。今回の住民基本台帳法改正では、附票の記載事項を増やすことと、附票ネットワーク（仮称）を構築することが定められました。

2　国外転出者対応のための住民基本台帳法改正

戸籍の附票の記載事項はこれまで氏名・住所だけでしたが、改正によって性別・生年月日・住民票コードが追加されることになりました。そして、国外転出者についても定義され、「国外転出届をしたことによりいずれの市町村においても住民基本台帳に記録されていない者」という位置づけになっています。

【改正前】

第17条　戸籍の附票には、次に掲げる事項について記載（…略…）をする。

　一　戸籍の表示

　二　氏名

　三　住所

　四　住所を定めた年月日

【改正後】

第17条　戸籍の附票には、次に掲げる事項について記載（…略…）をする。

　一　戸籍の表示

二　氏名

　　三　住所（国外に転出をする旨の第24条の規定による届出（次号
　　　　及び第7号において「国外転出届」という。）をしたことにより
　　　　いずれの市町村においても住民基本台帳に記録されていない者
　　　　（以下「国外転出者」という。）にあつては、国外転出者である
　　　　旨）

　　四　住所を定めた年月日（国外転出者にあつては、その国外転出
　　　　届に記載された転出の予定年月日）

　　五　出生の年月日

　　六　男女の別

　　七　住民票に記載された住民票コード（国外転出者にあつては、
　　　　その国外転出届をしたことにより消除された住民票に記載され
　　　　ていた住民票コード。第30条の37及び第30条の38において同
　　　　じ。）

　附票ネットワーク（仮称）の構築については、住民基本台帳法に
「第4章の3　附票本人確認情報の処理及び利用等」（第30条の41か
ら第30条の44の2）が新設されています。次に示すように、住民基
本台帳ネットワークと同様の仕組みで、国外転出者の本人確認情報
を提供するネットワークシステムを構築することが定められていま
す。

第4章の3　附票本人確認情報の処理及び利用等
（市町村長から都道府県知事への附票本人確認情報の通知等）
第30条の41　市町村長は、戸籍の附票の記載、消除又は第17条第2
　　号、第3号及び第5号から第7号までに掲げる事項の全部若しく
　　は一部についての記載の修正を行つた場合には、当該戸籍の附票
　　の記載等に係る附票本人確認情報（…略…）を都道府県知事に通

知するものとする。

2～4　（略）

（都道府県知事から機構への附票本人確認情報の通知等）

第30条の42　都道府県知事は、前条第1項の規定による通知に係る附票本人確認情報を、機構に通知するものとする。

2～4　（略）

（附票本人確認情報の誤りに関する機構の通報）

第30条の43　（略）

（国の機関等への附票本人確認情報の提供）

第30条の44　機構は、別表第1の上欄に掲げる国の機関又は法人から同表の下欄に掲げる事務の処理であつて国外転出者に係るものに関し求めがあつたときは、政令で定めるところにより、機構保存附票本人確認情報のうち住民票コード以外のものを提供するものとする。

（総務省への住民票コードの提供）

第30条の44の2　機構は、総務省から番号利用法第21条第1項又は第2項（番号利用法第26条において準用する場合を含む。）の規定による事務の処理であつて国外転出者に係るものに関し求めがあつたときは、政令で定めるところにより、当該求めに係る者の戸籍の附票に記載された住民票コードを提供するものとする。この場合において、機構は、機構保存附票本人確認情報を利用することができる。

（以下、略）

3　国外転出者対応のためのマイナンバー法改正

　さらに、国外転出者にマイナンバーカードと電子証明書を発行するため、マイナンバー法と公的個人認証法が改正されています。

国外転出者は住所が国内にありませんから、マイナンバー法ではマイナンバーカードの住所の規定が改正されています。具体的には、２条７項で国外転出者の場合は「住所」の欄に「国外転出者である旨と転出予定年月日」が記載されることになります。

第２条（略）

２〜６（略）

７　この法律において「個人番号カード」とは、次に掲げる事項が記載され、本人の写真が表示され、かつ、これらの事項その他総務省令で定める事項（…略…）が電磁的方法（…略…）により記録されたカードであって、この法律又はこの法律に基づく命令で定めるところによりカード記録事項を閲覧し、又は改変する権限を有する者以外の者による閲覧又は改変を防止するために必要なものとして総務省令で定める措置が講じられたものをいう。

一　氏名

二　住所（国外転出者（…略…）にあっては、国外転出者である旨及びその国外転出届（…略…）に記載された転出の予定年月日）

三　生年月日

四　性別

五　個人番号

六　その他政令で定める事項

　また、マイナンバーカードは附票に基づいて発行されるため、カードの記載事項変更・紛失・期間満了（17条８項）については本籍地の自治体に届け出なければなりません。しかし、国外転出者に対する特例として、国外転出届を提出した場合（17条２項）は住所地の市町村でカードの記載事項を変更してもらうことができます。

（個人番号カードの交付等）

第17条　市町村長は、政令で定めるところにより、当該市町村が備える住民基本台帳に記録されている者又は当該市町村が備える戸籍の附票に記録されている者（国外転出者である者に限る。）に対し、その者の申請により、その者に係る個人番号カードを交付するものとする。この場合において、当該市町村長は、前条の政令で定める措置をとらなければならない。

2　個人番号カードの交付を受けている者は、住民基本台帳法第22条第1項の規定による届出又は国外転出届をする場合には、これらの届出と同時に、当該個人番号カードを市町村長に提出しなければならない

3　前項の規定により個人番号カードの提出を受けた市町村長は、当該個人番号カードについて、カード記録事項の変更その他当該個人番号カードの適切な利用を確保するために必要な措置を講じ、これを返還しなければならない。

（4～7略）

8　国外転出者に対する第4項（著者注：「カード記録事項の変更」）、第5項（著者注：「紛失」）及び前項（著者注：「期間満了」）の規定の適用については、第4項中「その変更があった日から14日以内に」とあるのは「速やかに」と、「住民基本台帳」とあるのは「戸籍の附票」と、「住所地市町村長」とあるのは「附票管理市町村長」と、第5項及び前項中「住所地市町村長」とあるのは「附票管理市町村長」とする。

9　（略）

4　国外転出者対応のための公的個人認証法改正

　公的個人認証法では3条の2と22条の2が新設され、戸籍の附票に基づいて署名用電子証明書および利用者証明用電子証明書の発行が可能となりました。そして国内居住者と同様、これらの証明書は住民票コードとともに管理されます。また、証明書の失効条件については国内居住者の条件に準じ、附票記載事項に変更があった場合、附票から削除された場合に失効されることになります。

　第3条の2　戸籍の附票に記録されている国外転出者(…略…)は、その者が記録されている戸籍の附票を備える市町村の市町村長(…略…)を経由して、機構に対し、自己に係る署名用電子証明書の発行の申請をすることができる。

　2　(略)

　第22条の2　戸籍の附票に記録されている国外転出者は、附票管理市町村長を経由して、機構に対し、自己に係る利用者証明用電子証明書の発行の申請をすることができる。

　2　(略)

2　本人確認情報の長期保存

　これまで住民票の除票や戸籍附票の除票の保存期間は5年でした。しかし、所有者不明土地の所有者探索、休眠預金や自動車の廃車などにおける本人同一性証明において、5年間保存では過去の居住関係が公証できないという問題を抱えていました。

　そこで本人確認情報の長期かつ確実な保存と公証を行うために、

住民票除票・戸籍附票除票の保存期間が150年になりました。住民基本台帳法では、住民票の除票について15条の2が新設され、戸籍の附票の除票について21条が新設されています。

（除票簿）

第15条の2　市町村長は、住民票（…略…）を消除したとき、又は住民票を改製したときは、その消除した住民票又は改製前の住民票（以下「除票」と総称する。）を住民基本台帳から除いて別につづり、除票簿として保存しなければならない。

2　第6条第3項の規定により磁気ディスクをもつて住民票を調製している市町村にあつては、磁気ディスクをもつて調製した除票を蓄積して除票簿とすることができる。

（戸籍の附票の除票簿）

第21条　市町村長は、戸籍の附票の全部を消除したとき、又は戸籍の附票を改製したときは、その消除した戸籍の附票又は改製前の戸籍の附票（以下「戸籍の附票の除票」と総称する。）をつづり、戸籍の附票の除票簿として保存しなければならない。

2　第16条第2項の規定により磁気ディスクをもつて戸籍の附票を調製している市町村にあつては、磁気ディスクをもつて調製した戸籍の附票の除票を蓄積して戸籍の附票の除票簿とすることができる。

　除票の保存期間については政令で規定されることになっており、住民基本台帳法施行令（昭和42年政令第292号）の34条が下記のように改正され、2019年6月20日に施行されています。また、本人確認情報（データベース上の記録）についても150年保存が義務付けられ

ています。

> （保存）
> 第34条　市町村長は、除票又は戸籍の附票の除票を、これらに係る
> 　　住民票又は戸籍の附票を消除し、又は改製した日から150年間保
> 　　存するものとする。
> 2　市町村長は、法第30条の6第1項の規定により通知した本人確
> 　　認情報を、総務省令で定めるところにより磁気ディスクに記録
> 　　し、これを次の各号に掲げる本人確認情報の区分に応じ、当該本
> 　　人確認情報の通知の日から当該各号に定める日までの期間保存す
> 　　るものとする。
> 　　一　住民票の記載又は記載の修正を行つたことにより通知した本
> 　　　人確認情報　当該本人確認情報に係る者に係る新たな本人確認
> 　　　情報の通知をした日から起算して150年を経過する日
> 　　二　住民票の消除を行つたことにより通知した本人確認情報　当
> 　　　該本人確認情報の通知の日から起算して150年を経過する日
> 3　法及びこの政令に基づく届出書、通知書その他の書類は、その
> 　　受理された日から1年間保存するものとする。

　除票の保存期間はこれまで5年という短い期間であったため、こ
れまでも所有者不明土地問題、休眠預金、自動車廃車などあちこち
で問題が起きていました。自動車の廃車においても、戸籍の附票が
すでに廃棄されている場合は「戸籍の附票がすでに廃棄されて存在
しない」旨の証明書を発行してもらい廃車の手続きをするという、
筆者自身も信じられない手続きを求められました。

　車の購入者と廃車する人物の同一性を証明するためには、自動車
登録の時にマイナンバーを同時に登録するだけで済むはずです。不
動産登記簿や預金口座にマイナンバーを登録すれば、土地所有者不

明問題や休眠口座の問題も解決するでしょう。マイナンバーが登録されるまでの代替手段として、150年間も情報を保存しなければならないということです。

3　マイナンバーカードの利用拡大と普及

　マイナンバーとマイナンバーカードについて、時々混乱した記事が流れることがあります。例えば、図書の貸出しにマイナンバーを使うような新聞記事です。どのような本を借りたのかマイナンバー（番号）で管理されると誤解されそうですが、実際には「図書の貸出しにマイナンバーカードを使う」という表現が正しく、番号ではなくマイナンバーカードに格納されている電子証明書で管理するという意味です。

　マイナンバーはマイナンバー法の強い制約を受けるため、その使い方は厳格に定められています。一方、マイナンバーカード（実態は電子証明書）は番号そのものを使うわけではないので、マイナンバーのような強い制約がありません。マイナンバーとマイナンバーカードは大きな違いがあるという認識を正しくもってほしいと思います。

1　マイナンバーカードの保険証への利用拡大

　マイナンバーカードを健康保険証として使うための改正健康保険法が2019年5月に成立しました。政府の計画では2021年3月から健康保険証としての利用を開始し、2022年度にはすべての医療機関が対応できるようシステムを整備する予定です。この健康保険法の改正については次章で詳しく見ていきますが、ここではマイナンバー

カードについて取り上げます。

　マイナンバーカードを保険証として使う場合、実際に利用するのはカードに格納されている電子証明書なので、パスワードの入力が必要となります。しかし、病院などの医療機関でパスワードの入力をいちいち求めていては患者さんが滞留してしまいますし、お年寄りなどはとまどって入力できないこともあります。そのためパスワードを入力しない方式を可能とする法改正が行われました。パスワードを入力しない方式なので、PIN（Personal Identification Number）なし認証とも言われています。

　具体的には次のように公的個人認証法が改正され、パスワードを入力してもらうかわりにマイナンバーカードの顔写真で本人のカードであることを確認し、電子証明書を読み取るという方法です。病院など医療機関だけでなく、総務大臣の認可を受けて「特定利用者証明検証者」という立場になれば、このような使い方が可能となります。

　医療機関では顔写真による確認で保険証の使いまわしを防ぐことができますし、マイナンバーカードを入場チケットとして利用すれば、顔写真の確認でチケットの転売を防ぐことも可能となります。

　公的個人認証法の条文を下記に示します。

（利用者証明検証者の義務）

第38条　（略）

　2　利用者証明検証者は、前項の規定による確認を行うに当たり、利用者証明利用者本人が電子利用者証明を行ったことの確認を当該電子利用者証明に用いられた利用者証明利用者符号が当該利用者証明利用者のものであることを示すための措置として総務省令で定めるものを当該利用者証明利用者に求める方法により行わなければならない。

3　（略）

（特定利用者証明検証者による利用者証明利用者本人が電子利用者証明を行ったことの確認）

第38条の2　利用者証明検証者は、前条第2項の規定にかかわらず、総務大臣の認可を受けて、利用者証明利用者本人が電子利用者証明を行ったことの確認を当該利用者証明利用者の個人番号カードに表示され、かつ、記録された当該利用者証明利用者の写真を用いる方法であって総務省令で定めるものにより行うことができる。

2　利用者証明検証者は、前項の認可を受けようとするときは、総務省令で定めるところにより、次に掲げる事項を記載した申請書に総務省令で定める書類を添付して、総務大臣に提出しなければならない。

　一　氏名又は名称及び住所並びに法人にあっては、その代表者の氏名

　二　申請に係る確認の実施に関する計画

　三　申請に係る確認の業務の用に供する設備の概要

3　総務大臣は、第1項の認可の申請が次の各号のいずれにも適合していると認めるときは、同項の認可をしなければならない。

　一　申請に係る確認の実施に関する計画が適正なものであり、かつ、第1項の認可の申請を行う者が当該計画を確実に遂行することができること。

　二　申請に係る確認の業務の用に供する設備が総務省令で定める基準に適合するものであること。

4　第1項の認可を受けた者（以下「特定利用者証明検証者」という。）は、第2項第2号又は第3号に掲げる事項の変更（…略…）をするときは、総務大臣の認可を受けなければならない。この場合においては、前2項の規定を準用する。

5　特定利用者証明検証者は、前項の総務省令で定める軽微な変更
　　をしたときは、遅滞なく、その旨を総務大臣に届け出なければな
　　らない。
　6　総務大臣は、次の各号のいずれかに該当するときは、第1項の
　　認可を取り消すことができる。
（以下、略）

2　通知カード廃止によるマイナンバーカード普及

　さらに通知カードを廃止し、マイナンバーカードへの移行を促進
する措置もとられました。そもそもICチップが格納されたマイナ
ンバーカードの交付には時間がかかるため、暫定的に発行されたの
が通知カードです。ICチップが格納されさまざまなセキュリティ対
策が施されたマイナンバーカードに比べ、紙の通知カードはセキュ
リティ面ではるかに及びません。マイナンバーカードは危険だと誤
解している人がいるようですが、この際にセキュリティの強固なマ
イナンバーカードに切り替えたほうがよほど安全です。参考までに
「マイナンバーカードの記載面とセキュリティ対策」について整理し
た**図表3-2**を示します。
　それでは、通知カードもマイナンバーカードも持っていない人は
どうやってマイナンバーを証明すればよいのかと言われますが、そ
の場合は自治体の窓口でマイナンバーの記載された住民票を発行し
てもらってください。
　マイナンバー法の改正では、7条1項で「通知カードによる通知」
という文言が削除され、通知カードに関して定めた条文（7条4項
から7項まで）が削除されています。

■ 図表3-2 マイナンバーカードの記載面とセキュリティ対策

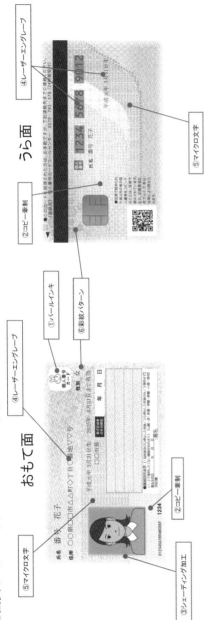

セキュリティ対策	内容と必要性
①パールインキ	見る角度によって2色に変化して見え、偽変造が困難
②コピー牽制	コピー機等で複写した場合、隠れた文字が浮かび上がり、真正な個人番号カードのコピーである ことが判別できる
③シェーディング加工	顔写真のエッジにぼかし加工を施すことで、顔写真の貼り替えが困難となる
④レーザーエングレーブ	レーザー光でカード基材を黒く変質させることで印字する技術で、偽変造が困難となる
⑤マイクロ文字	特定の箇所に通常のコピー機やプリンターでは印刷できない微細な文字を配置することにより、 偽造が困難となる。
⑥彩紋パターン	微細な線やグラデーション等で複雑な模様を背景に施すことにより、偽変造が困難となる。

(出典) 総務省「個人番号カードの概要」「個人番号カード等の利活用について」個人番号カード等の利活用検討ワーキンググループ (第1回) 配付資料

（指定及び通知）

第７条　市町村長（…略…）は、住民基本台帳法第30条の３第２項
の規定により住民票に住民票コードを記載したときは、政令で定
めるところにより、速やかに、次条第２項の規定により機構から
通知された個人番号とすべき番号をその者の個人番号として指定
し、その者に対し、

【改正前】
　当該個人番号を通知カード（…略…）により通知しなければなら
ない。

【改正後】
　当該個人番号を通知しなければならない。

マイナンバーの利用事務と情報連携の拡大

1　マイナンバーの利用事務拡大

　マイナンバー利用事務として、罹災証明書の交付事務、母子健康
包括支援センターの事業の実施に関する事務、新型インフルエンザ
等対策特別措置法に基づく予防接種の実施に関する事務の３つが追
加されました。

　マイナンバー利用事務はマイナンバー法別表１に記載されてお
り、項番36の２と項番49ではそれぞれ【　】内の罹災証明書の交付
と母子健康包括支援センターの事業の実施が追加されています。ま
た、項番93の２が追加され、「新型インフルエンザ等対策特別措置法

による予防接種の実施」の事務が追加されました。なお、項番の横に記載されているのは、その事務でマイナンバーを利用できる行政機関です。

マイナンバー利用事務（別表１）

36の2　市町村長

　災害対策基本法（昭和36年法律第223号）による【罹災証明書の交付】又は被災者台帳の作成に関する事務であって主務省令で定めるもの

49　市町村長

　母子保健法（昭和40年法律第141号）による保健指導、新生児の訪問指導、健康診査、妊娠の届出、母子健康手帳の交付、妊産婦の訪問指導、低体重児の届出、未熟児の訪問指導、養育医療の給付若しくは養育医療に要する費用の支給、費用の徴収又は【母子健康包括支援センターの事業の実施】に関する事務であって主務省令で定めるもの

93の2　厚生労働大臣、都道府県知事又は市町村長

　新型インフルエンザ等対策特別措置法（平成24年法律第31号）による予防接種の実施に関する事務であって主務省令で定めるもの

（※【　】は著者作成）

2　マイナンバーの情報連携拡大

　また、情報連携対象事務はマイナンバー法の別表第2で規定されており、今回2つの事務が追加されています。まず、母子保健法による保健指導などの事務が項番69の2として追加され、乳幼児健診の情報が連携できるようになりました。次に、新型インフルエンザ等対策特別措置法に基づく予防接種の事務などが項番115の2とし

て追加され、新型インフルエンザ等対策特別措置法に基づく予防接種情報が連携できるようになりました。

これまでは予防接種法に基づく予防接種情報や特定健康診査情報（メタボ健診情報）のみが情報連携の対象でしたが、今回の改正によって情報連携の範囲が広がることになりました。

情報照会者	事務	情報提供者	特定個人情報
69の2 市町村長	母子保健法による保健指導、新生児の訪問指導、健康診査、妊産婦の訪問指導、未熟児の訪問指導又は母子健康包括支援センターの事業の実施に関する事務であって主務省令で定めるもの	市町村長	母子保健法による健康診査に関する情報であって主務省令で定めるもの
115の2 市町村長	新型インフルエンザ等対策特別措置法による予防接種の実施に関する事務であって主務省令で定めるもの	厚生労働大臣、都道府県知事又は市町村長	新型インフルエンザ等対策特別措置法による予防接種の実施に関する情報であって主務省令で定めるもの

次に、情報連携の対象となる事務は従来と変わりませんが、情報連携の対象となる情報についても拡大されました。例えば、健康保険組合・協会けんぽ・共済組合などの医療保険者が、被保険者資格取得や保険給付の支給において、特別障害給付金情報、失業等給付関係情報、年金生活者支援金給付関係情報などの情報を照会するこ

とが可能となりました。また、国民健康保険の医療保険者が、生活保護関係情報などの情報を照会できるようになり、日本学生支援機構が、児童手当関係情報、児童扶養手当関係情報、特別児童扶養手当関係情報などの情報を照会できるようになるなど、照会可能な情報の範囲が広がっています。

5 デジタル化推進の個別施策と附則

1 デジタル化推進の個別施策

「デジタル化推進の個別施策」はデジタル手続法の第3の部分となります。デジタル手続法の6条から8条が該当し、それぞれ中小企業退職金共済法の改正、母子保健法の改正、LPガス法の改正について規定されています。

6条は中小企業退職金共済法の改正で、44条5項が新設され、掛け金納付のオンライン化を可能としています。これまで特定業種退職金共済制度においては、「被共済者に賃金を支払うつど、退職金共済手帳に退職金共済証紙をはりつけ、これに消印すること」（4項）で掛金を納付しなければなりませんでした。今回の改正では5項が追加され、共済契約者の負担を軽減するため、電子的な掛け金納付を可能としています。

（掛金）

第44条（略）

2・3（略）

4　共済契約者は、被共済者に賃金を支払う都度、退職金共済手帳に退職金共済証紙を貼り付け、これに消印することによつて掛金

を納付しなければならない。

5　特定業種のうち厚生労働大臣が指定するものに係る特定業種退職金共済契約についての掛金の納付については、共済契約者が電子情報処理組織（…略…）を使用して、厚生労働省令で定めるところにより、被共済者の就労の実績を機構に報告することとした場合には、前項に規定する方法に代えて、厚生労働省令で定めるところにより、現金をもつてすることができる。

6　（略）

　7条は、母子保健法に19条の2（健康診査に関する情報の提供の求め）を追加する改正です。これまで市町村間における健診情報の引継ぎに関して、母子保健法には明示的な規定がありませんでした。そこで、乳幼児健診の情報などを市町村間で引き継げるよう母子保健法に新たな規定を設けました。

　その具体的な手段としては、前節の「1　マイナンバーの利用事務拡大」と「2　マイナンバーの情報連携拡大」で述べたとおり、情報提供ネットワークシステムを活用した情報連携によって実現されます。

（健康診査に関する情報の提供の求め）

第19条の2　市町村は、妊産婦若しくは乳児若しくは幼児であつて、かつて当該市町村以外の市町村（…略…）に居住していた者又は当該妊産婦の配偶者若しくは当該乳児若しくは幼児の保護者に対し、第10条の保健指導、第11条、第17条第1項若しくは前条の訪問指導、第12条第1項若しくは第13条第1項の健康診査又は第22条第2項第2号から第5号までに掲げる事業を行うために必要があると認めるときは、当該他の市町村に対し、厚生労働省令で定めるところにより、当該妊産婦又は乳児若しくは幼児に対する第12条第1項又は第13条第1項の健康診査に関する情報の提供

を求めることができる。

2　市町村は、前項の規定による情報の提供の求めについては、電子情報処理組織を使用する方法その他の情報通信の技術を利用する方法であつて厚生労働省令で定めるものにより行うよう努めなければならない。

　8条はLPガス法（正式名称「液化石油ガスの保安の確保及び取引の適正化に関する法律」）の改正で、14条3項（書面の交付）と28条2項（保安業務の委託）が新設されました。これまでLPガスの事業者は消費者に書面で情報提供を行う義務や、保安業務委託先事業者と委託関係の書面を相互交付する義務がありました。事業者の負担を軽減するため、これらの書面に代えて、オンラインによる情報提供も可能としました。

（書面の交付）

第14条（略）

2　（略）

3　液化石油ガス販売事業者は、前2項の規定による書面の交付（…略…）に代えて、政令で定めるところにより、一般消費者等の承諾を得て、当該書面に記載すべき事項を電子情報処理組織を使用する方法その他の情報通信の技術を利用する方法であつて経済産業省令で定めるものにより提供することができる。この場合において、当該液化石油ガス販売事業者は、当該書面の交付をしたものとみなす。

（保安業務の委託）

第28条（略）

2　前項の委託契約の当事者は、同項の規定による書面の交付に代えて、政令で定めるところにより、当該契約の相手方の承諾を得

> て、当該書面に記載すべき事項を電子情報処理組織を使用する方
> 法その他の情報通信の技術を利用する方法であつて経済産業省令
> で定めるものにより提供することができる。この場合において、
> 当該委託契約の当事者は、当該書面の交付をしたものとみなす。

2 附則

　最後に、附則についても補足しておきます。まず、これまで「行政手続オンライン化法を適用しない」という除外規定を設けていた多くの法律について、今回この規定が削除されることになったことは第2章で述べたとおりです。商業登記法や法人税法など多くの法律における除外規定を、この附則で削除しています。

　施行期日についてデジタル手続法全体としては、2019年12月16日に施行されました。ただし、住民基本台帳法の除票関係はそれ以前に施行されており、附票ネットワーク（仮称）などシステム構築が必要なものについては施行まで5年の猶予があります。

　また、住民基本台帳法改正に伴って自治体事務郵便局取扱法（正式名称「地方公共団体の特定の事務の郵便局における取扱いに関する法律」）と公共サービス改革法（正式名称「競争の導入による公共サービスの改革に関する法律」）が改正されています。郵便局の事務として、住民票の写し・住民票記載事項証明書に加えて除票の写し・除票記載事項証明書が追加され、官民競争入札又は民間競争入札の対象として、住民票の写し・住民票記載事項証明書・戸籍の附票に加えて除票の写し・除票記載事項証明書・戸籍の附票の除票が追加されました。

　さらに、不当景品類及び不当表示防止法や特定商取引に関する法律では、デジタルを前提として、相手の都合によらず電子的に処分通知等ができるようになりました。

第4章
健康保険法と
戸籍法の改正

2019年の通常国会ではデジタル手続法が成立すると同時に、デジタル手続法とあいまってわが国のデジタル化を推進する重要な法改正が実施されました。健康保険法と戸籍法の改正で、これらはデジタル手続法の第2の部分「デジタル化推進の基盤整備」と密接な関係をもっています。本章ではこの2つの法改正について解説していきます。

1　健康保険法の改正

1　健康保険法改正の背景

　健康保険法の改正というテーマで解説していきますが、健康保険法だけでなく国民健康保険法や高齢者の医療の確保に関する法律（高確法）なども含んだ法改正であることに留意してください。
　今回の健康保険法の改正の目玉は、下記の「改正の趣旨」にあるように「被保険者資格の情報を一元的に管理する仕組み」つまりオンラインで被保険者の資格確認を行うことにあります。

（改正の趣旨）
　医療保険制度の適正かつ効率的な運営を図るため、保険者間で被保険者資格の情報を一元的に管理する仕組みの創設及びその適切な実施等のために医療機関等へ支援を行う医療情報化支援基金の創設、医療及び介護給付の費用の状況等に関する情報の連結解析及び提供に関する仕組みの創設、市町村において高齢者の保健事業と介護予防を一体的に実施する枠組みの構築、被扶養者の要件の適正化、社会保険診療報酬支払基金の組織改革等の措置を講ずる。
（厚生労働省保険局「医療保険制度の適正かつ効率的な運営を図るための

健康保険法等の一部を改正する法律案（仮称）について（2019年1月17日）」第117回社会保障審議会医療保険部会資料3）

　医療保険制度の「適正かつ効率的な運営」という大きな目的が掲げられていますが、わが国は高齢化社会を反映して社会保障給付費が伸び続け、2019年度（予算ベース）の社会保障給付費は123.7兆円、その約3分の1を医療費（39.6兆円）が占めるまでになっています（**図表4-1**）。保険料だけであがなえず、国の財政支援によって持ちこたえているものの、国の財政とて大きな債務残高を抱えていることは周知のとおりです。

　このような状況のまま放置すれば、医療サービスの削減や質の低下も免れず、災害や救急時の拠点となる病院も機能しなくなってしまいます。適正でない、あるいは非効率な部分を排除し、必要な人に的確な医療を提供できるよう医療保険制度を改善していく必要があります。そのカギとなるのは番号とカード、つまり番号で正確な情報管理を行い、カードで本人と番号を正しく結合するという仕組みが求められます。

　現在、医療現場で使われている番号は被保険者番号であり、この番号は世帯単位であって個人特定はできません。しかも、転職や転居で番号が変わってしまい、情報の引継ぎもできません。また、カードは個人単位の被保険者証となっていますが、顔写真がないため他人が使ってもわかりません。このような状況ではEHR（電子カルテの共有化）が構築できず、予防接種・健康診断記録なども結合したPHR（生涯電子カルテ）も構築できなくなってしまいます。また、医療分野におけるデータ活用は予防医学や疫学研究で期待されていますが、現状ではレセプトデータの取扱いが煩雑で、生涯にわたる分析なども困難が生じています。

　わが国の医療制度を持続可能にするためにも、マイナンバーによ

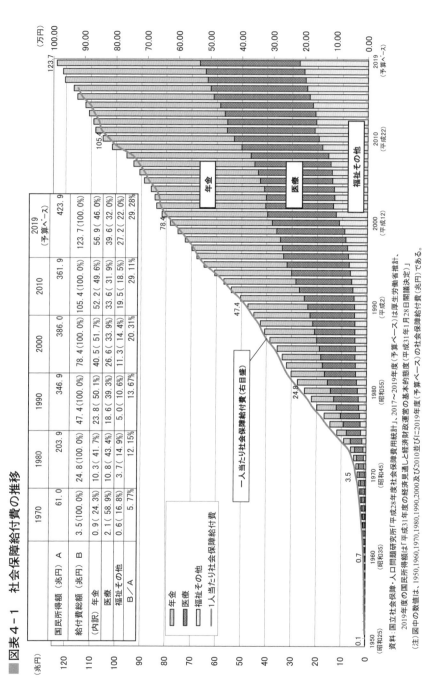

■図表4-1 社会保障給付費の推移

	1970 (昭和45)	1980 (昭和55)	1990 (平成2)	2000 (平成12)	2010 (平成22)	2019 (予算ベース)
国民所得額（兆円） A	61.0	203.9	346.9	386.0	361.9	423.9
給付費総額（兆円） B	3.5 (100.0%)	24.8 (100.0%)	47.4 (100.0%)	78.4 (100.0%)	105.4 (100.0%)	123.7 (100.0%)
（内訳）年金	0.9 (24.3%)	10.3 (41.7%)	23.8 (50.1%)	40.5 (51.7%)	52.2 (49.6%)	56.9 (46.0%)
医療	2.1 (58.9%)	10.8 (43.4%)	18.6 (39.3%)	26.6 (33.9%)	33.6 (31.9%)	39.6 (32.0%)
福祉その他	0.6 (16.8%)	3.7 (14.9%)	5.0 (10.6%)	11.3 (14.4%)	19.5 (18.5%)	27.2 (22.0%)
B／A	5.77%	12.15%	13.67%	20.31%	29.11%	29.28%

資料：国立社会保障・人口問題研究所「平成28年度社会保障費用統計」、2017～2019年度（予算ベース）は厚生労働省推計。
2019年度の国民所得額は「平成31年度の経済見通しと経済財政運営の基本的態度（平成31年1月28日閣議決定）」
（注）図中の数値は、1950,1960,1970,1980,1990,2000,2010並びに2019年度（予算ベース）の社会保障給付費（兆円）である。

（出典）厚生労働省

るデータ管理・情報共有やマイナンバーカードによる本人確認の仕組みが必要となります。

2　医療番号・カードの検討経緯

　医療における番号とカードについては従前から検討が続けられてきました。2016年の「世界最先端IT国家創造宣言」（IT総合戦略本部）では、「医療等分野における番号制度の活用等に関する研究会報告書」等を踏まえ、医療等ID制度および医療保険のオンライン資格確認を導入することが記載されています。

　このとき医療保険のオンライン資格確認はマイナンバーカードの電子証明書を使い、医療情報の連携は地域医療連携用ID（仮称）を使うという方針が出され、具体的なスケジュールも下記のように示されました。
・2016年度〜2017年度：仕組み・実務等について検討、システム開発を実行
・2018年度：段階的運用開始
・2020年から：本格運用

　翌年2017年の「世界最先端IT国家創造宣言・官民データ活用推進基本計画」では、マイナンバーカードの健康保険証としての利用を含めた医療保険のオンライン資格確認については引き継がれましたが、番号については「医療等IDの導入を検討する」とトーンダウンしています。

　そして2018年の「世界最先端デジタル国家創造宣言・官民データ活用推進基本計画」では、マイナンバーカードの健康保険証としての利用を含めた医療保険のオンライン資格確認について、2020年度の本格運用を目指すと具体的に示されました。しかし、番号については検討が進まず、医療等分野における識別子（ID）の導入検討のなかで、個人単位化された被保険者番号を使う方向が打ち出されま

■**図表4-2　被保険者番号の個人単位化**

被保険者番号の個人単位化と資格履歴の一元管理

現状・課題

○ 世帯単位での付番
・現在の被保険者番号は、基本的に<u>世帯単位</u>。保険者は個人（特に被扶養者）の状況把握までは求めていない。適切な保険制度の運用のためにも、保険者として、個人単位での状況把握をどう行うかが課題。
・今後、保健事業を通じた被保険者の健康管理等の役割が保険者に一層期待されている中、<u>個人単位でデータを連結できない現在の状態は、データヘルスの推進</u>の観点からも課題。

○ 保険者ごとの管理
・各保険者でそれぞれ被保険者番号を付番しており、**資格管理も保険者ごと**。
・加入する保険が変わる場合、個人の資格情報（※）は引き継がれず、<u>継続的な資格管理がされていない。</u>

※氏名、生年月日、性別、被保険者番号、資格取得日、負担割合など

対応方針

① 　加入する保険が変わっても、個人単位で資格情報等のデータをつなげることを容易にするため、**被保険者番号を個人単位化**。

② 　新しい被保険者番号も保険の変更に伴い変わることとなるが、加入する保険によらず資格情報等を連結させて管理するため、個別の保険者に代わって**支払基金・国保中央会が一元的に管理**する。

※マイナンバー制度の情報連携のために構築されている既存のインフラを活用

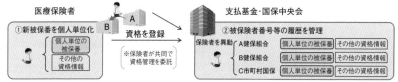

（出典）厚生労働省「オンライン資格確認等について」第108回社会保障審議会医療保険部会資料（2017年11月8日）を一部改変。

した。

　被保険者番号が個人単位化されたことは大きな前進ですが、保険者が振り出す番号のため転職や引越しで保険者が変更になると番号が変わってしまいます。支払基金・国保中央会が番号の履歴を管理し、個人単位の資格情報等のデータをつなげるという考えですが、2つの番号が同一人物のものであることを特定するためにはマイナンバーが必要です。つまり、マイナンバーをそのまま医療用番号として使うことが最も合理的なのですが、そうならなかったのは残念です。

2019年の「世界最先端デジタル国家創造宣言・官民データ活用推進基本計画」では、健康保険法改正を受け、「医療保険の被保険者番号を個人単位化するとともに、マイナンバーカードを健康保険証として利用できる「オンライン資格確認」の来年度からの本格運用に向けて、必要なシステム整備を着実に進める。新設される医療情報化支援基金を活用し、医療機関及び薬局のシステム整備を支援する」と具体的に記載されています。

　ただし、医療等分野における識別子（ID）の導入については、「個人単位化される被保険者番号を医療等情報の連結に活用できるよう、制度面・技術面・運用面での検討を進めていく」という記述で、まだ不明確なままの状態です。「レセプトに基づく薬剤情報や特定健診情報などの患者の保健医療情報を全国の医療機関等で確認できる仕組みを推進する」という記述もありますが、早急に明確にすべきでしょう。

3　健康保険法改正の概要

　今回の健康保険法改正では、下記の7項目が定められました。このなかで特に企業実務に関係の深い「1．オンライン資格確認の導入」と「5．被扶養者等の要件の見直し、国民健康保険の資格管理の適正化」を中心に解説していきます。なお、施行期日について、前者のオンライン資格確認導入は公布日から2年を超えない範囲内で政令で定める日、後者の「(1)　被扶養要件見直し」は2020年4月1日、「(2)　資格管理の適正化」は施行済となっています。

　1．オンライン資格確認の導入
・オンライン資格確認の導入に際し、資格確認の方法を法定化するとともに、個人単位化する被保険者番号について、個人情報保護の観点から、健康保険事業の遂行等の目的以外で告知を求めるこ

とを禁止（告知要求制限）する。

2．オンライン資格確認や電子カルテ等の普及のための医療情報化支援基金の創設

3．NDB、介護DB等の連結解析等

・医療保険レセプト情報等のデータベース（NDB）と介護保険レセプト情報等のデータベース（介護DB）について、各DBの連結解析を可能とするとともに、公益目的での利用促進のため、研究機関等への提供に関する規定の整備（審議会による事前審査、情報管理義務、国による検査等）を行う。

4．高齢者の保健事業と介護予防の一体的な実施等

・75歳以上高齢者に対する保健事業を市町村が介護保険の地域支援事業等と一体的に実施することができるよう、国、後期高齢者医療広域連合、市町村の役割等について定めるとともに、市町村等において、各高齢者の医療・健診・介護情報等を一括して把握できるよう規定の整備等を行う。

5．被扶養者等の要件の見直し、国民健康保険の資格管理の適正化

(1)　被用者保険の被扶養者等の要件について、一定の例外を設けつつ、原則として、国内に居住していること等を追加する。

(2)　市町村による関係者への報告徴収権について、新たに被保険者の資格取得に関する事項等を追加する。

6．審査支払機関の機能の強化

(1)　社会保険診療報酬支払基金（支払基金）について、本部の調整機能を強化するため、支部長の権限を本部に集約する。

(2)　医療保険情報に係るデータ分析等に関する業務を追加する（支払基金・国保連共通）。

(3)　医療の質の向上に向け公正かつ中立な審査を実施する等、審査支払機関の審査の基本理念を創設する（支払基金・国保連共通）。

7．その他

・未適用事業所が遡及して社会保険に加入する等の場合に発生し得る国民健康保険と健康保険の間における保険料の二重払いを解消するため、所要の規定を整備する。

(厚生労働省保険局「医療保険制度の適正かつ効率的な運営を図るための健康保険法等の一部を改正する法律案（仮称）について（2019年1月17日）」第117回社会保障審議会医療保険部会資料3)

4　被保険者番号の個人単位化

　まず、健康保険法改正によって、医療保険の被保険者番号が従来の世帯単位から個人単位（被保険者または被扶養者ごと）に変わります。これによって、保険者を異動しても個々人を追跡できるため、全国規模で個人単位での資格の確認が可能となります。なお、後期高齢者医療制度の被保険者番号は現在も個人単位なので、これは変わりません。施行は公布日から2年以内に予定されています。

　個人単位化された被保険者番号（被保険者等記号・番号等）とは、**図表4-3**に示すように保険者番号と被保険者等記号・番号（現行の

■**図表4-3　個人単位化された被保険者番号**

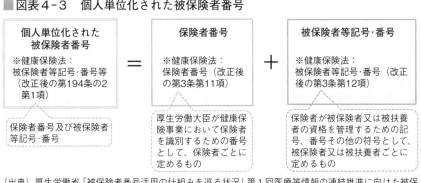

(出典) 厚生労働省「被保険者番号活用の仕組みを巡る状況」第1回医療等情報の連結推進に向けた被保険者番号活用の仕組みに関する検討会資料2（2019年7月31日）

世帯単位番号に２桁追加して個人単位にしたもの）を組み合わせたものになります。

　なお、用語の使い方ですが、「個人単位化された被保険者番号」のことを健康保険法では「被保険者等記号・番号等」といい、船員保険法も同じです。しかし、国民健康保険法では「被保険者記号・番号等」、国家公務員共済組合法と地方公務員等共済組合法では「組合員等記号・番号等」、私立学校教職員共済法では「加入者等記号・番号等」、高齢者医療確保法では「被保険者番号等」と用語が異なることに注意が必要です。

　下記に、改正健康保険法における「被保険者等記号・番号等」「保険者番号」「被保険者等記号・番号」の定義について記しておきます。

■「被保険者等記号・番号等」（194条の２第１項）

（被保険者等記号・番号等の利用制限等）

第194条の２　厚生労働大臣、保険者、保険医療機関等、指定訪問看護事業者その他の健康保険事業又は当該事業に関連する事務の遂行のため保険者番号及び被保険者等記号・番号（以下この条において「被保険者等記号・番号等」という。）を利用する者として厚生労働省令で定める者（以下この条において「厚生労働大臣等」という。）は、当該事業又は事務の遂行のため必要がある場合を除き、何人に対しても、その者又はその者以外の者に係る被保険者等記号・番号等を告知することを求めてはならない。

■「保険者番号」（３条11項）

第３条（略）

11　この法律において「保険者番号」とは、厚生労働大臣が健康保険事業において保険者を識別するための番号として、保険者ごとに定めるものをいう。

■「被保険者等記号・番号」（3条12項）

> 第3条（略）
>
> 12　この法律において「被保険者等記号・番号」とは、保険者が被
> 保険者又は被扶養者の資格を管理するための記号、番号その他の
> 符号として、被保険者又は被扶養者ごとに定めるものをいう。

　さらに、被保険者番号が個人単位化されると、個人を特定する番
号として利用される可能性があるため、194条の2第1項（前掲）で
は健康保険事業とこれに関連する事務以外に被保険者記号・番号の
告知を要求することを制限しています。

2　マイナンバーカードと保険証

1　オンライン資格確認の導入

　個人単位化された被保険者番号の創設により、個人を特定する
カードを使って医療保険の資格をオンラインで確認できるようにな
ることが今回の法改正の大きな目的です。つまり、マイナンバーカー
ドで医療機関等での被保険者資格の確認ができるようになります。

　なお、マイナンバーカードを保険証として使うものの、マイナン
バーそのものは使わず、マイナンバーカードに格納されている電子
証明書を使うことになっています。つまり、電子証明書と個人単位
化された被保険者番号が支払基金・国保中央会で紐づけられている
ため、電子証明書を読み取ることで資格確認が可能となるわけです。

　そのため医療機関・薬局ではマイナンバーカードのリーダーやシ
ステム改修が必要となり、初期導入経費を補助するために医療情報

■図表4-4　オンライン資格確認のイメージ1

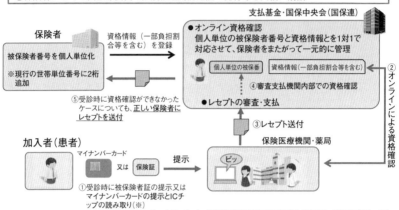

(出典) 厚生労働省「オンライン資格確認等システムの検討状況」第116回社会保障審議会医療保険
部会資料3 （2018年12月）

■図表4-5　オンライン資格確認のイメージ2

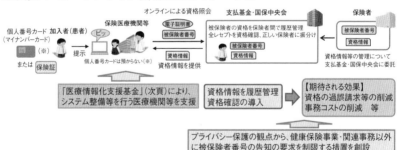

※マイナンバーカードのICチップ内の電子証明書を読み取る。
　マイナンバーは使わない。医療機関等でマイナンバーと診療
　情報が紐付くことはない。

(出典) 厚生労働省「被保険者番号活用の仕組みを巡る状況」第1回医療等情報の連結推進に向け
た被保険者番号活用の仕組みに関する検討会資料2 （2019年7月31日）

化支援基金が創設されます。そして、マイナンバーカードによる手続きのデジタル化で医療保険事務が円滑に実施されるよう、国、保険者、保険医療機関等の関係者は協力するよう要請されています。オンライン資格確認のイメージは**図表4-4**、**図表4-5**のとおりです。

2　マイナンバーカード保険証化とカードの取得推進

　健康保険法改正でマイナンバーカードを保険証として使うことができるようになりますが、従来の保険証（個人単位化したもの）も使うことができます。しかし、政府としては保険証のマイナンバーカード化をきっかけに、国民に一気にマイナンバーカードを普及させたい考えです。

　デジタル・ガバメント閣僚会議（2019年9月3日）では、被保険者に対するマイナンバーカード取得促進策が議論され、次のような方針が提出されています。民間企業としても、2022年度中に被保険者（社員および家族）のほとんどがマイナンバーカードを取得しているよう取り組む必要があるでしょう。

1．マイナンバーカードの取得、移行スケジュール
・各保険者では、デジタル・ガバメント閣僚会議で示されるマイナンバーカードの交付スケジュールの想定のもと、令和4年度中にほとんどの被保険者がマイナンバーカードを取得することを想定して、被保険者のマイナンバーカードの取得と初回登録（保険証としての登録）の促進に取り組む。
・国家公務員及び地方公務員等（国家公務員共済組合・地方公務員共済組合）については、令和元年度内に、マイナンバーカードの一斉取得を推進する。
・移行スケジュールについては、今後の環境整備の進捗状況等を踏まえつつ、更なる具体化を含め、見直しを行う。

２．マイナンバーカードの取得促進等の具体的取組

・令和３年３月からマイナンバーカードを健康保険証として本格的に利用できるよう、各保険者において、健康保険証の発行時や更新時をはじめ、様々なチャネル（医療費通知や健診受診表の送付、機関誌等）を用いて、事業主、加入者等へのカードの取得と初回登録の促進を行う。

・保険者・事業主が主催するイベント（健診会場、健康づくりイベント）等において、マイナンバーカード取得に関するポスター・リーフレット等を活用した周知広報や、市区町村における出張申請サービスを活用した取得申請の支援に取り組む。

・国家公務員及び地方公務員等では、交付申請書の配布により、被保険者による取得申請を支援し、一斉取得に取り組む。

・市町村国保、後期高齢者医療広域連合では、市町村のマイナンバー担当課との連携を強化し、健康診断等の会場、高齢者が集う場等を活用した周知広報や、未取得者へのカードの取得申請の支援に取り組む。

３．カード取得状況のフォローアップ

・各保険者において、保険者の規模や構成を踏まえ、被保険者のマイナンバーカードの取得と初回登録の進捗状況について定期的にアンケート調査等を行い、事業主等を通じた未取得者へのカード取得と初回登録の働きかけなど、フォローアップを行う。

・各保険者では、被保険者のカード取得状況をフォローアップした上で、他保険者等におけるベストプラクティス（出張申請サービスの活用、交付申請書の配布等）を活用するなど、必要な対策を講じる。

（「保険者におけるマイナンバーカード取得促進策等」デジタル・ガバメント閣僚会議（第５回）資料３（2019年９月３日））

3　政府からの要請と企業の対応

　健康保険組合および協会けんぽ（全国健康保険協会）に対する政府の要請についても示しておきます。健康保険組合へは下記を要請するだけでなく、厚生労働省が支払基金の情報から各健康保険組合のマイナンバーカードの保険証としての登録状況を把握したり、国から主要経済団体等を通じて事業主（企業）へアプローチしたりする方針です。

　下記は健康保険組合の例ですが、協会けんぽに対してもほぼ同様な要請が行われています。健康保険組合や協会けんぽを通して、事業主（企業）・加入者へも働きかけを行うよう要請されていますので、企業の実務においても従業員・社員のマイナンバーカード取得や健康保険証化について取組みを行っていく必要が出てくるでしょう。

■健康保険組合への要請

●マイナンバーカードの取得促進に向けた取組
　事業主（企業）と加入者（従業員等）向けに、健康保険組合の規模や構成（単一型、総合型）に応じた手段を用いて、順次、オンライン資格確認に関する周知広報及びマイナンバーカードの取得要請を行う

【事業主（企業）への働きかけ】

・健康保険料の納入告知書など、定期的な文書送付の機会を捉まえて、従業員へのオンライン資格確認の周知やマイナンバーカードの取得要請への協力を依頼
　　▶事業主（企業）における協力の例としては、新入社員等への保険証交付時や新入社員向け研修会での周知、従業員向けに発行している広報誌等への特集記事の掲載等が考えられる

・企業の事務担当者を対象とした説明会で従業員に対するオンライ

ン資格確認の周知やマイナンバーカードの取得要請への協力を依頼

・市区町村が実施する出張申請サービスの活用の依頼

【加入者への働きかけ】

・ホームページや加入者向けに発行している広報誌等にオンライン資格確認やマイナンバーカード取得に関する情報を掲載

・医療費通知や特定健診受診券の送付時におけるオンライン資格確認の周知とマイナンバーカード取得の要請

・(自前の健診機関を保有している組合は)健診の実施に合わせた出張申請サービスの活用

・組合が主催する各種イベント(スポーツ大会、ウォーキング大会、セミナー等)開催に合わせた出張申請サービスの活用

●フォローアップ

・業所管官庁によるアンケート調査等にあわせて、健康保険組合における取得状況等についてのアンケート調査等を実施

・各保険者におけるベストプラクティスを活用するなど、被保険者の申請・取得状況を踏まえ、必要な対策を講ずる。

(「保険者におけるマイナンバーカード取得促進策等」デジタル・ガバメント閣僚会議(第5回)資料3(2019年9月3日))

最後に、医療機関等のシステム整備、マイナンバーカードの保険証利用に関するスケジュール(案)を提示しておきます(**図表4-6**)。政府としては、2020年度(2021年3月を目途)からマイナンバーカードによる資格確認を開始し、2022年度にはほとんどの国民がマイナンバーカードを保有している状況を目指しています。

それには、マイナンバーカードを保険証として使うための登録作業なども必要になるため、今からでも従業員・社員に対してマイナンバーカード取得への啓発を行っていくほうがよいでしょう。

■図表4-6　医療機関等のシステム整備の工程表・保険証利用の移行スケジュール（案）

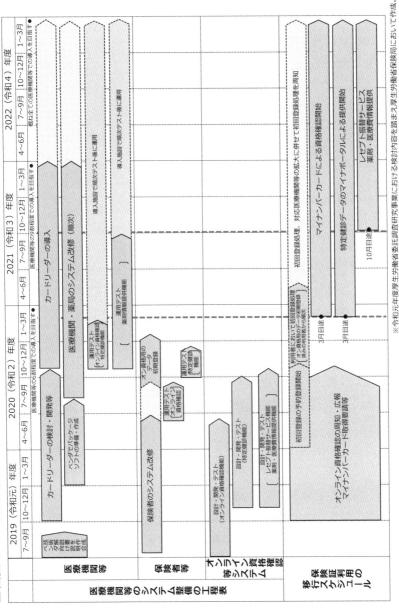

※令和元年度厚生労働省委託調査研究事業における検討内容を踏まえ厚生労働省保険局において作成。

（出典）「医療機関等のシステム整備の工程表・保険証利用の移行スケジュール（案）」デジタル・ガバメント閣僚会議（第5回）資料2（2019年9月3日）

4 被扶養者等の要件の見直しと国保資格管理の適正化

保険証のマイナンバーカード化とオンライン資格確認のほか、企業実務に関わる改正がありましたのでこれらについても触れておきたいと思います。

その背景にあるのは、わが国のグローバル化です。日本に住んでいない親族までが健康保険の給付を受けることができるため、医療目的で親族を呼び寄せるなどの問題が顕在化したり、不正な在留資格により本来資格のない外国人が国保に加入して給付を受けていたりなどの問題が指摘されるようになりました。

このような問題に対して、被扶養認定における国内居住要件が追加されました。ただし、留学生など日本に住所がなくても日本に生活の基礎があると認められる場合（海外への渡航理由などによる）は例外的に要件を満たすこととされています。そして、「医療滞在ビザ」等で来日して国内に居住する者は被扶養者の対象から除外されます。

また、国保被保険者の資格管理を適正なものにするため、市町村が関係者に被保険者の資格の得喪に関する情報を求めることができるようになりました。関係者とは、外国人の場合は留学先である日本語学校や経営管理を行う企業の取引先等、日本人の場合は勤務先である企業の雇用主等が想定されています。

さらに、外国人の社会保険への加入促進、不正な在留資格の調査、給付申請の審査厳格化、なりすまし対策としての本人確認書類の提示などの対策がとられています。

そのほか、グローバル化とは関係ありませんが、国民健康保険と健康保険の間における保険料の二重払いの解消も行われています。これは未適用事業所が遡及して社会保険に加入する等の場合、遡及して健康保険の資格を取得し国民健康保険の資格を喪失しますが、

その時に国民健康保険料を還付しきれない部分が残って保険料の二重払いが生じることが起きるという問題に対処したものです。

3 戸籍法の改正

1 戸籍法改正の経緯

　健康保険法改正とほぼ同じ2019年5月、戸籍法の改正も成立しました。今回の戸籍法改正もマイナンバー制度と深く関わっています。戸籍へのマイナンバー導入については、すでに日本の成長戦略である「日本再興戦略　改訂2014」（2014年6月）で取り上げられていて、その方針に沿って2014年10月から法務省の「戸籍制度に関する研究会」が開催されました。

　さらに、その翌年に発表された「日本再興戦略　改訂2015」（2015年6月）の第1部では、「マイナンバーの利活用範囲を、税、社会保障から、戸籍、パスポート、在外邦人の情報管理、証券分野等における公共性の高い業務へ拡大する」と記され、その第2部では具体的に次のように記載されていて、今回の法改正はこれに沿ったものといえます。

……戸籍事務については、戸籍事務を処理するためのシステムの在り方等と併せて検討するために立ち上げた有識者らによる研究会において、来年2月以降の法制審議会への諮問を目指し、必要な論点の洗い出し、整理等の個別具体的な検討を進め、2019年通常国会を目途に必要な法制上の措置を講ずる。
（「「日本再興戦略」改訂2015」閣議決定（2015年6月））

戸籍の事務は自治体によって運用されていて、戸籍データを管理する戸籍システムは自治体ごとに開発・運用されています。しかし、戸籍は国民の国籍（血縁関係）と相続における身分を証明するための制度であり、全国の1700カ所以上の自治体がシステムを個別に管理・運用する意味はありません。戸籍を全国データベースで一元管理すれば、国民にとっては相続で各本籍地の自治体に分散した戸籍謄本を入手するための苦労がなくなるだけでなく、自治体にとっても大きな経費節減になります。そして、戸籍は住民基本台帳のような自治事務ではなく法定受託事務という位置づけのため、業務運用が自治体ごとに異なることはなく、法務省の処理基準に則った厳格な業務運用を行っています。つまり、戸籍は他の業務に比較して業務の一本化・クラウド化が非常にやりやすいという特徴があります。

　前述した戸籍制度に関する研究会は、第１回（2014年10月）から第22回（2017年８月）まで開催され、これとは別に2015年６月から「戸籍システム検討ワーキンググループ」が立ち上がり、2017年７月まで21回の会議が開催されました。研究会では次の３点を主要な検討課題とし、戸籍制度の大幅な見直しや新戸籍法の制定まで視野に入れた議論が行われました。
・マイナンバーの導入
・戸籍クラウド（戸籍システムの一元化）の実現
・戸籍記載の正確性の担保

2　戸籍マイナンバーによる国民のメリット

　戸籍にマイナンバーが導入されると国民にとってどのようなメリットがあるのでしょうか。通常、戸籍の謄抄本が必要になるケースは頻繁にはありませんが、パスポート申請や児童扶養手当の申請、運転免許証の申請・更新などでは申請書に戸籍謄抄本の添付が必要となります。これらは国籍や親権を確認するための証明書とし

て使われるからです。

　マイナンバーで本人確認さえできれば、これらの書類添付は不要となり、行政側も戸籍クラウド（一元化した戸籍）にアクセスするだけで国籍や親権の確認ができるようになります。

　そして、国民にとっても最も苦労するのが親族の死亡時における相続権の確認です。戸籍は本籍地の自治体で管理されていて、各本籍地に散らばった被相続人と相続人の関係を証明する戸籍謄本をすべて入手する必要があります。

　本籍地の自治体へ出向くのは大変ですが、郵送で戸籍謄抄本を入手することも非常に煩雑です。送付請求するためには請求内容の書類、手数料相当額の郵便小為替、返送用の封筒・切手を用意しなければなりません。これら入手準備作業が煩雑なだけでなく、実際に必要な戸籍の件数や小為替の金額が異なり、手数料の精算に苦労することも多くあります。このような請求を受け付ける自治体も同様の苦労をしています。戸籍クラウドがあれば、国民は全国どこからでもオンラインで必要な戸籍謄本が入手できることになります。

　現在ではコンビニで戸籍謄本等を交付できる自治体も466団体と増えていて、そのうち本籍地と住所地が異なる場合でも交付可能な団体は334団体（2020年1月16日現在）あります。しかし、本籍地が異なる場合の戸籍証明交付については事前に利用登録申請（最初の1回のみ）しなければならず、センターへの証明書登録状況を確認したうえで証明書を発行してもらうという2回の手続きが必要となります。また、交付される戸籍謄本等は自分の情報が記載されている戸籍に限られてしまいます。

3　戸籍マイナンバーによる自治体のメリット

　あまり知られていませんが、戸籍は国民が使うだけでなく、自治体の内部事務でも扱っています。不動産所有権の確認や親権の確認

などで、本籍地の自治体に問い合わせたり、公用で謄本を取り寄せたりという事務を行っているのです。さらに、戸籍統計（2016年度）によれば、戸籍に関する住民からの届出の件数を見ると、本籍地での届出が420万件であるのに対し、他市町村から送付される届出が230万件もあり、他の自治体との連絡が欠かせません。

　つまり、現状では自治体間による電話による問い合わせや郵送による戸籍情報のやりとりが行われているため、口頭による間違いや郵送によるタイムラグなどが発生し、非効率で不正確な事務が生じる原因となっているのです。戸籍クラウドで戸籍の情報を一元化すれば、これらの問題を一気に解決することができるでしょう。

　また、戸籍クラウドは一元化されたシステムであるため、各自治体で戸籍システムの保守・運用や更改のコストを負担することがなくなります。共同で負担するとしてもコストはこれまでより大幅に低下し、セキュリティにかけるコストを増やすこともできます。

　さらに、国と自治体の役割を見直すことで、自治体事務の軽減が可能となります。前述のように戸籍事務は法定受託事務であり、本来は「国の事務」です。そのため制度的には市区町村は形式的審査権しかなく、法務局が実質的な審査権をもっています。認知症につけ込む「虚偽の養子縁組」を防止する対応など、自治体にとっては判断が難しい事項や専門的な事項については、自治体の担当者が法務局に照会しながら事務を遂行しなければならないのが実態です。

　自治体が紙の戸籍原本を管理しているという実態からこれまでは自治体が事務を担ってきましたが、戸籍原本を一元化した戸籍クラウドであれば、自治体と法務局の事務の分担が可能となります。

4　戸籍制度研究会の最終取りまとめ

　マイナンバー導入を契機に始まった戸籍制度に関する研究会は、2017年8月に最終取りまとめを発表しました。戸籍のクラウド化・

一元化だけでなく、本籍地概念と戸籍の編製基準の見直しやふりがなの法制化など戸籍制度そのものに関する意欲的な検討項目を掲げて検討してきただけにこの最終取りまとめに期待していました。しかし残念ながら、結論としてマイナンバーは導入するが戸籍のクラウド化・一元化はしない、そして戸籍制度における課題についてはすべて先送りということになりました。

　具体的な仕組みを見ると、現行の戸籍システムを元に情報を個人単位にまとめた「個人統合戸籍情報」をまず作成し、その情報から親族との関係を示す記号を含んだ「親族的身分関係情報」を作成し、その情報を中間サーバーに格納して、マイナンバー制度の情報提供ネットワークシステムで情報共有するというものです（**図表4-7**）。

　例えば、AさんとEさんが婚姻関係であることを確認する場合、Aさんのマイナンバー（111000000001）でAさんの情報を検索し、夫婦関係記号（834…62）を取得します。次にEさんのマイナンバー（555000000001）でEさんの情報を検索し、夫婦関係記号（834…62）を取得します。両方の夫婦関係記号が合致すれば夫婦であることがわかります。親子関係（親権の有無）や未成年後見関係についても同様の手順で操作をすれば、確認することができるというものです。

　しかし、このような使い方を想定した場合、全員のマイナンバーを知らないと相互の確認ができないことになります。つまり、亡くなった被相続人の相続権をもつ配偶者、子ども、両親、兄弟姉妹などを探そうという場合、探す方法がなく、相続関係を一覧で自動的に作成することもできない仕組みです（**図表4-8**）。

■ 図表4-7　個人統合戸籍情報 → 親族的身分関係情報 → 中間サーバー

連携情報としての戸籍情報については、親子関係等の親族的身分関係に係る情報をネットワーク連携により実現するためには、現状の戸籍編製を基礎とした情報とは別に、以下の新たな情報を導入する必要がある。

① 情報提供者（法務省）の管理の下、市区町村の戸籍の記録について、個人ごとに戸籍情報を備える。=> 個人統合戸籍情報（仮）
② 個人統合戸籍情報から、個人を特定する情報を除いて、個人間の親族的身分関係を作成し、個人統合戸籍情報の変更（市区町村の戸籍正本の変更）と同期させる。=> 親族的身分関係情報（仮）
③ 親族的身分関係情報からネットワーク連携のための情報提供DB（いわゆる「中間サーバー」）を設定する。

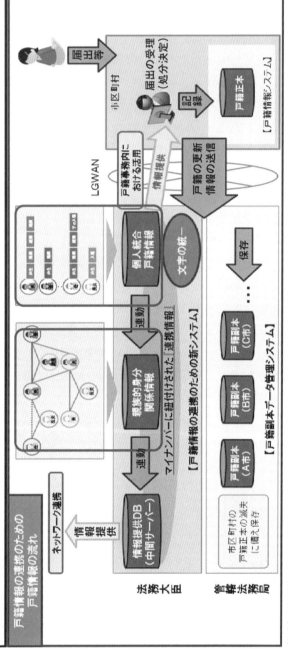

（出典）戸籍制度に関する研究会「戸籍システム検討ワーキンググループ最終取りまとめ」（2017年7月）

106　第4章　健康保険法と戸籍法の改正

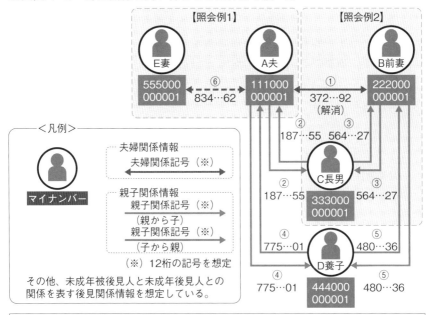

■　ＡとＥが婚姻関係であることの確認
→　Ａをマイナンバーで検索し、夫婦関係記号を取得。Ｅをマイナンバーで検索し、夫婦関係記号を取得。両方の記号が合致すれば夫婦。
→　親子関係（親権の有無）、未成年後見関係についても同様の手順。<u>全員のマイナンバーを知らないと確認できない。</u>

（出典）戸籍制度に関する研究会「戸籍システム検討ワーキンググループ最終取りまとめ」（2017年7月）
　　　　より抜粋・作成。

5　戸籍法改正の要点

　この研究会の結論を経て、今回の戸籍法の改正が成立（2019年5月24日）し、新たな制度が5年後から運用される予定となっています。しかし、その内容を見ると、研究会の結論とは異なっているようです。

　法改正概要の資料では、今回の対応として「既存の戸籍副本デー

タ管理システムを活用・発展させて新システムを構築し、データの提供を可能とする」仕組みをつくるとなっています。戸籍副本データ管理システムとは、東日本大震災で自治体が被災したことを契機に2013年に構築されたシステムで、自治体が保管する戸籍正本の副本データを法務省が管理するシステムです。

　主な改正点は次の3つです。

①　行政手続における戸籍謄抄本の添付省略（マイナンバー制度への参加）

　各種の社会保障手続で、マイナンバー制度を利用して戸籍謄抄本の提出を省略することができるようになります。各種の社会保障手続の際に記載しているマイナンバーを利用することで、窓口機関において親子関係や婚姻関係等を確認することが可能となるため、従来提出が必要だった戸籍謄抄本の添付が省略できます。具体的な手続きとして、次のような例が挙がっています。

・児童扶養手当の支給事務における続柄・死亡の事実・婚姻歴の確認
・国民年金の第3号被保険者（被保険者に扶養されている主婦など）の資格取得事務における婚姻歴の確認
・奨学金の返還免除事務における死亡の事実の確認
・健康保険の被扶養者の認定事務における続柄の確認

　これを実現するために、次のような対応がとられています。
・法務大臣が戸籍の副本に記録されている情報を利用して、親子関係その他の身分関係の存否を識別する情報等を戸籍関係情報として作成し、新システムに蓄積する。
・従来の戸籍謄抄本による戸籍の情報の証明手段に加え、マイナンバー制度のために作られた情報提供ネットワークシステムを通じ

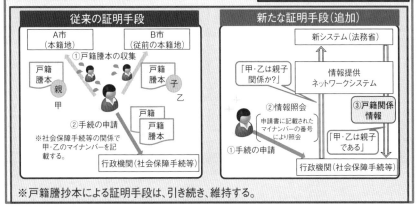

（出典）法務省民事局「戸籍法の一部を改正する法律の概要」（2019年5月31日）

て戸籍関係情報を確認する手段も提供可能にする。

②　戸籍の届出における戸籍謄抄本の添付省略

　次に、婚姻届や養子縁組届などさまざまな戸籍の届出の際に、戸籍謄抄本の提出が不要となります。届出を受け付ける自治体では、直接法務省の新システムから情報を入手するため、情報提供ネットワークシステムなどマイナンバー制度は使わない運用になります。

■ 図表4-10　戸籍の届出における戸籍謄抄本の添付省略

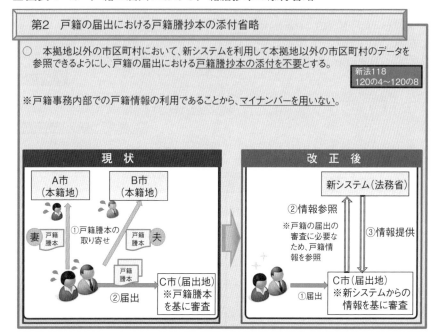

（出典）法務省民事局「戸籍法の一部を改正する法律の概要」（2019年5月31日）

③　本籍地以外の市区町村での戸籍謄抄本の発行

　本籍地が遠隔地にある場合、戸籍謄抄本を入手することは困難を伴いましたが、今後は居住地や勤務先の最寄りの自治体窓口で戸籍謄抄本を取得することができるようになります。自分の戸籍だけでなく、配偶者、父母、祖父母、子の戸籍の謄抄本も取得が可能となります。

　さらに、オンラインで行政手続をする際に必要となる戸籍の証明書として、新たに「戸籍電子証明書」を発行可能とすることも定められました。ただし、戸籍電子証明書を今後どのような手続きで活用するかは関係府省で検討中という状況です。

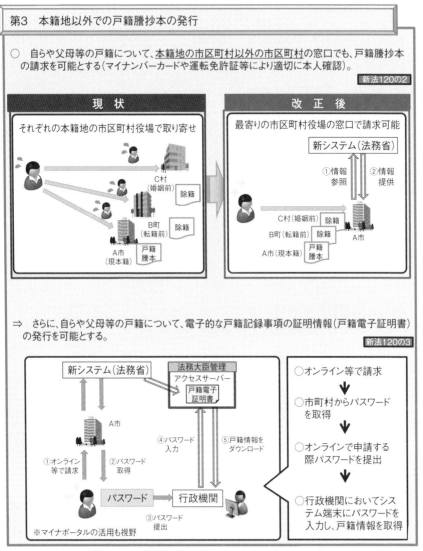

第3　本籍地以外での戸籍謄抄本の発行

○　自らや父母等の戸籍について、**本籍地の市区町村以外の市区町村の窓口**でも、戸籍謄抄本の請求を可能とする（マイナンバーカードや運転免許証等により適切に本人確認）。

新法120の2

現状

それぞれの本籍地の市区町村役場で取り寄せ

C村（婚姻前）　除籍
B町（転籍前）　除籍
A市（現本籍）　戸籍謄本

改正後

最寄りの市区町村役場の窓口で請求可能

新システム（法務省）

①情報参照　②情報提供

C村（婚姻前）　除籍
B町（転籍前）　除籍
A市（現本籍）　戸籍謄本

⇒　さらに、自らや父母等の戸籍について、電子的な戸籍記録事項の証明情報（戸籍電子証明書）の発行を可能とする。

新法120の3

新システム（法務省）
法務大臣管理
アクセスサーバー
戸籍電子証明書

A市
①オンライン等で請求
②パスワード取得
④パスワード入力
⑤戸籍情報をダウンロード
パスワード　→　行政機関
③パスワード提出
※マイナポータルの活用も視野

○オンライン等で請求
↓
○市町村からパスワードを取得
↓
○オンラインで申請する際パスワードを提出
↓
○行政機関においてシステム端末にパスワードを入力し、戸籍情報を取得

（出典）法務省民事局「戸籍法の一部を改正する法律の概要」（2019年5月31日）

6 戸籍法改正とマイナンバー制度

　ここで今回の戸籍法改正とマイナンバーとの関係について整理をしておきます。研究会の報告書ではマイナンバーを使うという前提で仕組みを考えていましたが、今回の改正ではマイナンバー制度を活用するが、マイナンバーそのものは使わないという方向のようです。

　戸籍法改正と同時にマイナンバー法も改正されていますが、マイナンバーの利用事務として戸籍の事務は規定されていません。マイナンバー制度を活用するという意味は、マイナンバー制度で構築された情報提供ネットワークシステムを使って戸籍情報のやりとりをするということです。このとき情報を特定するために用いられるのは「情報提供用個人識別符号」です。

　マイナンバー法9条では、戸籍関係情報の提供に関して情報提供用個人識別符号を利用できることが定められ、情報提供ネットワークシステムを通じて情報提供することが可能となっています。

（利用範囲）

第9条（略）

3　法務大臣は、第19条第7号又は第8号の規定による戸籍関係情報※（…略…）の提供に関する事務の処理に関して保有する特定個人情報ファイルにおいて個人情報を効率的に検索し、及び管理するために必要な限度で情報提供用個人識別符号を利用することができる。当該事務の全部又は一部の委託を受けた者も、同様とする。

※　筆者注「戸籍関係情報」：戸籍又は除かれた戸籍の副本に記録されている情報の電子計算機処理等を行うことにより作成することができる戸籍又は除か

れた戸籍の副本に記録されている者についての他の戸籍等記録者との間の親子関係の存否その他の身分関係の存否に関する情報、婚姻その他の身分関係の形成に関する情報その他の情報のうち、第19条第7号又は第8号の規定により提供するものとして法務省令で定めるものであって、情報提供用個人識別符号をその内容に含むものをいう。

　また、マイナンバー法21条の2では、情報提供用個人識別符号の取得について定められ、「取得番号」から情報提供用個人識別符号が生成されるようですが、この取得番号はマイナンバーでも住民票コードでもないとされていて、どのような運用になるのかは不明です。

（情報提供用個人識別符号の取得）
第21条の2　情報照会者又は情報提供者（…略…）は、情報提供用個人識別符号（…略…）を総務大臣から取得することができる。
2　前項の規定による情報提供用個人識別符号の取得は、政令で定めるところにより、情報照会者等が取得番号（当該取得に関し割り当てられた番号であって、当該情報提供用個人識別符号により識別しようとする特定の個人ごとに異なるものとなるように割り当てられることにより、当該特定の個人を識別できるもののうち、個人番号又は住民票コードでないものとして総務省令で定めるものをいう。以下この条において同じ。）を、機構を通じて総務大臣に対して通知し、及び総務大臣が当該取得番号と共に当該情報提供用個人識別符号を、当該情報照会者等に対して通知する方法により行うものとする。

　マイナンバー法別表2では、45の事務で戸籍関係情報を照会できることが定められ、多くの事務手続で戸籍謄抄本の添付省略が期待できます。例えば、項番10では児童福祉法関係の事務について定め

られています。この表によれば、市町村長が児童福祉法関係の事務において法務大臣から戸籍関係情報の提供を受けることができるため、今後市民が市町村に児童福祉法関係の手続きを行う場合、戸籍謄抄本を添付する必要がなくなります。

情報照会者	事務	情報提供者	特定個人情報
10 市町村長	児童福祉法による障害児通所給付費、特例障害児通所給付費若しくは高額障害児通所給付費の支給又は障害福祉サービスの提供に関する事務であって主務省令で定めるもの	都道府県知事	（略）
		法務大臣	戸籍関係情報であって主務省令で定めるもの
		都道府県知事等	（略）

7　不動産登記への影響

　戸籍でマイナンバーを使わないという方針になると、「登記制度・土地所有権の在り方等に関する研究会」が提示した不動産登記情報と戸籍情報の連携をどうするのかが気になります。

　近年、所有者不明土地が大きな問題として取り上げられるようになり、このような社会問題を解決するためにも、土地や所有権者などの情報の流れ全体を捉えた ID の設計が重要となってきます。特に、不動産に関しては相続未登記の問題が発生していて、登記されている故人の相続権者を探索しなければなりません。

　そこで研究会では、解決の方向性として不動産登記情報と自然人の場合は戸籍、法人の場合は法人の登記情報と ID で連携する案（**図表4-12**）が提出されています。戸籍の場合は、当然個人を特定する

マイナンバーが ID にならざるを得ないと考えられますが、戸籍で
マイナンバーを使わないとすると何を使うつもりなのでしょうか。
　ちなみに、その後2019年10月に開催された「第34回国土審議会土
地政策分科会企画部会」で法務省民事局が提出した資料を**図表4-13**
に示します。これによると、法人登記および戸籍と不動産登記は ID
で連携しないことが表現されています。「最新のデータを取得して

■ **図表4-12　不動産登記簿を中心とした土地所有者情報を円滑に把握する仕組み**

□**現状**
　公的な土地所有者情報の中で不動産登記の情報が最も基本となる情報
　しかし、登記名義人が死亡していても、相続登記等がされていないなど登記記録から直ちに土地所有者情報の把握が困難
□**課題**
　登記名義人が死亡等した場合に、相続人等からの申請がなければ、登記記録が更新されない

⬇

地方から都市部への人口流出や高齢者人口の増加による死亡者の増加により、所有者不明土地の増加が懸念

⬇

不動産登記における所有者情報について、最新の情報を適切に
把握することができるようにすることが重要

□**対応策**　　　　　　　　　　　　　　　　　　　　　　□**効果**
　現在の各種台帳の情報源である不動産登記簿を　➡　　● 所有者不明土地の発生予防
　中心とした仕組みを構築　　　　　　　　　　　　　　　● 円滑な行政事務の執行
　　　　　　　　　　　　　　　　　　　　　　　　　　　● 国民の利便性の向上

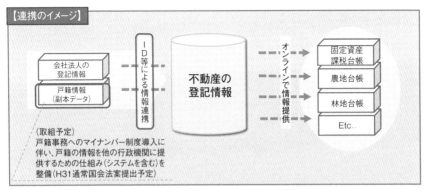

（出典）法務省「所有者不明土地問題についての法務省の検討状況」（2018年6月1日）

不動産登記のデータを更新」という記述がありますが、これでは外字を含む氏名のデータをマッチングさせることは難しく、また同姓同名による人違いも起きてしまうでしょう。

　なお、所有者不明に端を発した土地問題については、議論の場が研究会から法制審議会へと移り、2020年に民事基本法制や土地基本法等の見直しが実行される予定となっています。参考までに、政府が提示した「所有者不明土地等問題　対策推進の工程表」（2020年1月31日）を**図表4-14**に示します。

■図表 4-13　不動産登記と戸籍等との連携に基づく不動産登記情報の提供

□現状
- 登記名義人が死亡していても、相続登記等がされていないなど登記記録から直ちに土地所有者情報の把握が困難
- このような場合に、地方公共団体等における各種行政事務の遂行のために所有者を把握するには、それぞれ所有者の探索作業をする必要がある。

□対応策

◆不動産登記情報を最新化して、地方公共団体等に利用しやすいデータの提供をする仕組みを構築
（主な課題）不動産登記情報の提供に当たり、情報の受け手である地方公共団体が利用しやすい方法等を検討する必要

□効果

● 地方公共団体等の行政事務の効率化・円滑化

◆不動産登記情報を最新化するため、法務省・法務局の管理する戸籍や商業登記の情報を取得してデータを更新する仕組みを構築
（主な課題）戸籍・商業登記上の個人・法人と不動産登記上の個人・法人との紐付けの方法等について検討する必要

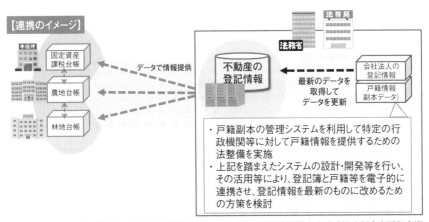

（出典）法務省民事局「近時の所有者不明土地対策の状況」第34回国土審議会土地政策分科会企画部会資料2（2019年10月7日）

■図表4-14 所有者不明土地等問題 対策推進の工程表

課題等	2019年	2020年
所有者不明土地の利用の円滑化等に関する特別措置法等（H30.6.13公布等） ・公共的目的の利用を可能とする新制度 ・財産管理制度の申立権を市町村長等へ付与 ・長期相続登記等未了土地を解消する新制度 ・所有者不明農地・林地の利活用促進の新制度	・新制度の準備、省令・ガイドラインの整備等	・新制度の普及・啓発、地方協議会を通じた地方公共団体への支援等 ・2020年度末までに約14万筆の長期相続登記等未了土地の解消作業に着手
	・土地収用法に係る所有者探索の合理化等（マニュアルの改訂・周知等）、共有私道ガイドラインの周知等	
	・農地、林地関係の新制度の普及啓発、新制度を活用した集積・集約化の推進	
表題部所有者不明土地の登記及び管理の適正化に関する法律（R1.5.24公布） ・登記官等による所有者等の探索 ・特定不能の土地に裁判所が管理人を選任	・新制度の準備・省令等の整備	・新制度の普及・啓発等、変則型登記の解消作業に着手
土地所有に関する基本制度の見直し ・人口減少社会で、所有者不明土地や管理不全の土地が増加し、周辺環境が悪化し、有効利用が阻害 ・地籍調査について、一部の所有者が不明な場合などに、調査が進まず、進捗に遅れ	**制度改正の具体的な方向性** 国土審議会中間とりまとめ（12月） ○人口減少社会に対応した土地基本法等の改正の内容と新たな土地政策の方向性を提示 ・土地基本法の「基本理念」に土地の適正な「管理」の確保を追加。あわせて土地所有者等の「管理」に係る責務を明確化。 ・土地基本法の「基本的施策」に、所有者不明土地の発生抑制・解消や発生予防に資する低未利用な土地の需要の創出、管理不全土地対策等を位置づけ。 ・新たな土地政策の方向を示し、政府一体として施策を展開するための「土地基本方針」の創設。 ・土地政策の情報基盤として登記情報の最新化や地籍整備の推進を位置づけ、所有者不明時の公告による調査や都市部の官民境界先行調査等の制度化により地籍調査を円滑化・迅速化	**期限を区切って改正を実現** ○土地基本法等の一部を改正する法律案の提出・国家審議 ・土地基本法、国土調査促進特別措置法（地籍調査の推進のための効率的手法を盛り込んだ十箇年計画策定）、国土調査法（地籍調査の円滑化・迅速化）等の改正を一括して法案提出	○改正法の施行 ・「土地基本方針」の策定 ・新たな国土調査事業十箇年計画の策定

（次頁に続く）

登記制度・土地所有権の在り方等の検討	法制審議会　民法・不動産登記法改正中間試案とりまとめ（12月）		
・相続が生じても、遺産分割や登記が行われず、所有者不明土地が多く発生 ・遠隔地居住の相続人等が土地を管理することができず、環境悪化 ・所有者が一部不明な共有地は、合意が得られず管理や処分が困難	○所有者不明土地の発生を予防するための仕組みの検討 ・相続登記の申請を義務付け、不動産登記情報を最新化。併せて申請者の負担軽減策や相続人の登記漏れを防止する方策 ・一定の要件の下で土地所有権の放棄を可能とする制度や遺産分割がされずに一定期間が経過した場合に遺産を合理的に分割する制度の創設　など ○所有者不明土地を円滑・適正に利用するための仕組みの検討 ・公告等をした上で不明共有者以外の共有者の同意で土地の利用を可能にする制度や金銭供託等を利用して共有関係を解消する制度の創設 ・所有者不明土地の管理に特化した財産管理制度の創設 ・ライフライン設置等のために所有者不明の隣地でも同意不要で円滑に使用できる制度の創設　など	○改正中間試案パブコメ、法制化に向けた最終的な検討	○民事基本法制の見直し（法案提出） ・相続登記の義務化 ・登記と戸籍等の連携による登記情報の最新化 ・土地所有権の放棄制度等 ・共有制度の見直し ・財産管理制度の見直し ・相隣関係規定の見直し
多様な土地所有者の情報を円滑に把握する仕組み等	○登記簿と戸籍等を連携するための方策 ・特定の行政機関等に対して戸籍情報を提供するため、「戸籍法の一部を改正する法律」に基づき、システムの設計・開発等を行う ・戸籍副本管理システムの活用等により、登記官が死亡情報等を入手し、登記情報を最新のものに改めるための方策を検討		
・登記名義人死亡時に相続登記がされないと、登記記録から直ちに土地所有者情報の把握が困難	・自治体の協力による登記手続促進、関係機関から自治体への照会による所有者情報把握等 ・各種台帳情報連携を容易にするためのデータ形式の見直し、システム間調整等の検討 ・システム間連携の具体化、仕様の調整		
所有者不明土地の円滑な利活用・管理等			
・円滑化のための更なる方策について検討	・特別措置法の施行状況も踏まえ、地域福利増進事業の拡充や共有地の管理の在り方等、所有者不明土地の利活用、管理等を円滑化するための更なる方策等について検討		

（出典）「所有者不明土地等問題　対策推進の工程表」所有者不明土地等対策の推進のための関係閣僚会議（2020年1月31日）

第5章
手続きのデジタル化と企業実務

1 企業にとってのデジタル化

　民間企業における実務への影響については、デジタル手続法1条（デジタル行政推進法14条〜15条）でも触れたように、単に手続きの実務に影響するというだけでなく、デジタルによって企業のビジネスやあり方、実務の方法も変わっていくことになります。本章ではまず、企業にとってデジタル手続法はどのような意味があるのか、企業にとってのデジタルが前提とはどのような意味なのかについて解説します。

　そしてデジタル手続法以外にも、手続きのデジタル化について企業の実務に影響を与える政府の施策が続々と開始されつつあります。特に大きな影響を与えるものとして、政府によるマイナンバーカードの普及促進、規制改革推進会議による「行政手続コストの削減」、IT総合戦略本部デジタル・ガバメント分科会によるオンライン・ワンストップ、各省庁によるデジタル・ガバメント計画の推進があります。企業の実務としては、これらの動向についてもしっかりと把握しておく必要があります。

　オンライン・ワンストップについては、社会保険・税、引越し、死亡・相続と3つのテーマを扱っていますので次の第6章でまとめて取り上げることとし、本章ではマイナンバーカードの普及、行政手続コストの削減、デジタル・ガバメント計画などを中心に、企業実務への影響をわかりやすく解説していきます。

　なお、ここでいうデジタル・ガバメント計画とは、デジタル・ガバメント実行計画（2018年1月16日、2018年7月20日、2019年12月20日改定）および各省庁デジタル・ガバメント中長期計画のことを指します。

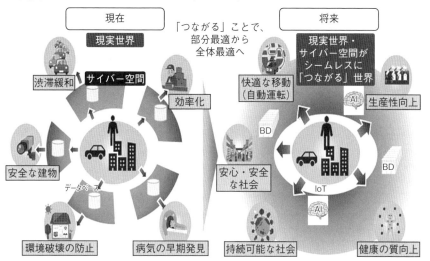

（出典）総務省「情報通信白書平成30年版」

■デジタルトランスフォーメーション（DX：Digital Transformation）

　現在の情報化社会の新たな動きとして、デジタルを前提としたデジタルトランスフォーメーション（DX：Digital Transformation）があちこちで起きつつあるといわれています。デジタルトランスフォーメーションとは、ウメオ大学（スウェーデン）のストルターマン教授が2004年に提唱した概念で「ICTの浸透が人々の生活をあらゆる面でより良い方向に変化させること」を意味しています。そして、デジタルトランスフォーメーションの進展により、特定の分野、組織内に閉じて部分的に最適化されていたシステムや制度等が社会全体にとって最適なものへと変貌すると想定されています。

　しかし、ビジネスの分野では、デジタルトランスフォーメーションという言葉はより危機感を伴った概念として捉えられています。

経済産業省では、「あらゆる産業において、新たなデジタル技術を使ってこれまでにないビジネス・モデルを展開する新規参入者が登場し、ゲームチェンジが起ころうとしている」と捉え、このような状況の中で「各企業は、競争力維持・強化のために、デジタルトランスフォーメーションをスピーディーに進めていくことが求められている」と考えています。つまり、GAFAなどがデジタルを前提に新たなビジネスモデルやルールを持ち込んで日本の社会経済を席巻しており、日本の企業もこれに対抗してデジタルトランスフォーメーションを進めないと競争に負けてしまうという危機感です。

　ビジネスモデル変革の例を**図表5-2**に示します。これは、デジタ

■**図表5-2　デジタルトランスフォーメーション（DX）によるビジネスモデル変革の例**

● デジタルテクノロジー（IoT・AI・DBなど）を駆使したビジネスの変革
● ビジネスモデルの変化、個人の生活や社会構造にまで影響が及ぶ

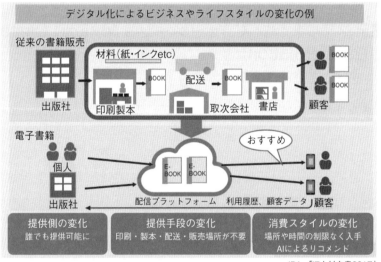

IPA 「IT人材白書2017」

デジタル化によって、提供側から消費者に届くまでの多くの工程（印刷、配送、販売など）が不要になり、消費者が店舗に足を運んで商品を選ぶという行動様式にも変化

（出典）「デジタルトランスフォーメーションに必要な技術と人材」IPA 社会基盤センター

ルを前提に書籍が執筆され、流通し、読者が電子書籍を読む社会に
なると、出版社は書籍の企画などでかろうじて残るかもしれません
が、印刷製本会社、取次会社、配送会社、書店などは不要になって
しまうというものです。

2 マイナンバーカードの普及とマイナポータル

　前述したように、デジタル手続法は行政だけでなく民間企業にも
大きな影響を及ぼします。条文（デジタル行政推進法14条〜15条）
のなかで、行政だけでなく民間企業のデジタル化も推進していくこ
とが言及されていますが、そうしなければ日本の社会経済全体のデ
ジタル化が進まず、デジタルトランスフォーメーションも起きず、
経済的低迷と閉塞感からわが国は脱出することができないからです。

　デジタル化推進のきっかけとなるのが、電子取引やサービスの基
点となるマイナンバーカードと電子申請の入口となるマイナポータ
ルです。デジタル・ガバメント閣僚会議（2019年6月4日）におい
て「マイナンバーカードの普及とマイナンバーの利活用の促進に関
する方針」が示され、政府全体として「安全・安心で利便性の高い
デジタル社会の基盤であるマイナンバーカードの普及とその利便性
の向上等を図る」ことが決定されました。

　世界最先端デジタル国家創造宣言のなかでも下記のように「令和
4年度中（2022年度中）にほとんどの住民がマイナンバーカードを
保有していること」を想定して、マイナンバーカードの普及を強力
に推進すると宣言しています。

> 安全・安心で利便性の高いデジタル社会をできる限り早期に実現する観点から、令和４年度中にほとんどの住民がマイナンバーカードを保有していることを想定し、国は市町村ごとのマイナンバーカードの交付円滑化計画の策定の推進と定期的なフォローアップを行うとともに必要な支援を行うなど、マイナンバーカードの普及を強力に推進する。あわせて、マイナンバーカードの利便性向上・利活用シーンの拡大を更に推進する。
>
> （「世界最先端デジタル国家創造宣言・官民データ活用推進基本計画」2019年６月14日）

1 切り札となるマイナンバーカードの健康保険証化

　その大きな切り札が、第４章で取り上げたマイナンバーカードの健康保険証としての利用です。健康保険組合や協会けんぽに対して保険証のマイナンバーカード化への要請が出されるとともに、健康保険組合や協会けんぽを通じて事業主・企業に対しても働きかけが行われるため、企業としても従業員に対してマイナンバーカード取得要請を行うなど、対応していく必要があるでしょう。

　そして、デジタル・ガバメント閣僚会議が決定した「マイナンバーカードの普及とマイナンバーの利活用の促進に関する方針」では具体的な対策についても言及しています。例えば、政府も単に企業に要請するだけでなく、利用者が健康保険証としての利用にメリットを見出せるよう、下記のようなサービスを提供する予定です。

・2021年３月から、マイナポータルで特定健診情報の閲覧を開始
・2021年10月から、マイナポータルで薬剤情報、医療費情報の閲覧を開始（同時に、薬剤情報の中で後発薬への切替え効果額等の薬剤情報も提供）

・2021年10月から、マイナンバーカードをお薬手帳として代替的に
　活用
・2022年1月から、確定申告手続でマイナポータルを活用した医療
　費情報を取得した場合に、その医療費の領収書保存が不要

　このようなメリットを提供しながら、マイナンバーカードを保険
証に利用することで企業の健康保険に係る事務コストの縮減につな
げるとともに、企業において社員証等として活用することも視野に
入れています。そのため従業員の社会保険・税手続のワンストップ
化の実現を目指して、2020年11月頃から取組みを開始する予定です。

　さらに、政府は医療機関だけでなく民間サービスにおけるマイナ
ンバーカードの活用も推進し、健康管理、マイナポータルを活用し
た特定健診情報の活用・連携、民間保険サービスにおける健診情報
の活用等のサービスが可能になると期待されています。

　また、政府は以下に示すように2020年4月から「情報システムに
係る調達等において、マイナンバーカードの普及実績等を評価する
仕組みを導入する」という方針を出しています。「2. マイナンバー
カードの健康保険証利用」という項目内の記述であるため調達の対
象が保険証関係以外にも拡大するのか不明ですが、社員のマイナン
バーカード普及に力を入れていない企業は、情報システムの応札の
際に評価が低くなるという影響も考えておかなくてはなりません。

⑶　企業の総務事務の効率化の促進等

　企業の健康保険に係る事務のコスト縮減につながることが期待さ
れる。さらに、マイナンバーカードの民間活用等を通じて社員の健
康管理への活用等が促進されるよう、モデル事業等を行う。

　また、マイナンバーカードの社員証等の各種証明としての活用が
促進されるよう、利用手続の簡素化等を実施するとともに、令和2
年11月頃より、企業が行う従業員の社会保険・税手続のワンストッ

プ化を開始できるよう取組を推進する。

　あわせて、令和2年4月より、情報システムに係る調達等におい
て、マイナンバーカードの普及実績等を評価する仕組みを導入する。

（デジタル・ガバメント閣僚会議「マイナンバーカードの普及とマイナン
バーの利活用の促進に関する方針」2019年6月4日）

2　マイナンバーカードの円滑な取得・更新の推進

　政府はマイナンバーカードの取得申請や交付で窓口となる自治体
の対応を強化する一方で、企業に対してもマイナンバーカードの普
及と健康保険証利用に向けて対応を強化しています。すべての企業
において必要な手続きが円滑に進むよう、「マイナンバーカードの
普及と健康保険証利用に関する関係府省庁会議」（局長級会議）が
2019年7月に設置されました。

　「全業所管官庁から関係業界団体等に対してマイナンバーカード
の普及と健康保険証利用について要請を行う」とあり、政府はかな
り本腰を入れていますので、企業としてもこれに対応していかなけ
ればなりません。スケジュールとしては、**図表5-3**に示した工程表
が提示されています。

　このように民間企業の視点から見てきましたが、政府としては当
然ながら国民健康保険、後期高齢者医療制度、国家公務員、地方公
務員、公立学校教職員、警察、私学共済に対してマイナンバーカー
ドの取得促進を行い、自治体に対しては自治体ポイントの活用を奨
励し、ハローワーク、税務署、運転免許センター、病院・介護施設
等、郵便局、地方出入国在留管理局や在外公館に対してマイナン
バーカードの取得申請の機会をつくるよう要請しています。

2019年度（令和元年度）			2020年度（令和2年度）	2021年度（令和3年度）	2022年度（令和4年度）	2023年度〜（令和5年度〜）
7〜9月	10〜12月	1〜3月				
7月 局長級会議・課長級会議 設置	9月頃 局長級会議・課長級会議	年内 要請の実施／左のフォローアップ／3月頃 局長級会議・課長級会議	業界団体等の総会（5月頃）等での説明会、アンケート調査等／普及状況のフォローアップ／3月頃 局長級会議・課長級会議	業界団体等の総会（5月頃）等での説明会、アンケート調査等／普及状況のフォローアップ／3月頃 局長級会議・課長級会議	業界団体等の総会（5月頃）等での説明会、アンケート調査等／普及状況のフォローアップ／3月頃 局長級会議・課長級会議	進捗状況等に応じた対応

(出典)「全業所管官庁等を通じた計画的な取組」デジタル・ガバメント閣僚会議（第5回）資料6（2019年9月3日）

3　マイナポータルを活用した就労証明書の作成

　マイナンバーカードの普及促進に力を入れても、実際に国民がマイナンバーカードを使って電子申請を行い、本当に便利だと実感してもらわなければ意味がありません。そこで第1章でも触れたマイナポータルの機能を拡充しています。

　例えば、これまでログインするためには、パソコンとICカードリーダライタが必要でした。しかし、NFC対応スマホを持っていれば、スマホのブラウザでログインしたり、パソコン画面に表示された2次元バーコードを使ってログインしたりすることができます。

　また、利用者登録しなくてもすぐに利用できるサービスとして「ぴったりサービス」が提供されています。国民が電子申請に親しめるよう、ぴったりサービスでは、子育てに関する手続きをはじめとしてさまざまな申請や届出の手続きについて紹介しています。すで

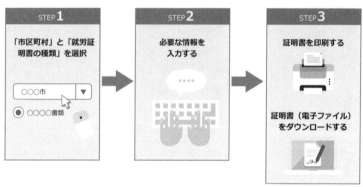

（出典）マイナポータル「ぴったりサービス　就労証明書作成コーナーについて」
（https://app.oss.myna.go.jp/Application/resources/about/index2.html）

に利用者登録をしていて、該当する手続きについて自治体側で電子化の対応をしていれば、ここから直接オンラインで申請や届出ができるようになっています。

　さらに国民だけでなく、事業主や企業が便利さを実感できるよう「就労証明書作成コーナー」を設置しています。このコーナーでは、市区町村ごとに異なっている就労証明書の様式を入手し、入手した様式にキーボードで入力して就労証明書を作成し、ダウンロード・印刷することができます。**図表5-4**に示すように、3つのステップで就労証明書の作成が簡単にできることが特徴です。

4 マイナポータルと子育て関連サービス

政府はマイナポータル開設にあたり、まず国民にとって身近で便利なサービスを提供するとして、子育て関連サービスに力を入れてきました。2017年7月から検索サービスを開始し、10月からマイナンバーカードを活用した電子申請も開始しました。利用者は役所に出向くことなくオンラインで申請が可能となり、プッシュ型のお知らせを電子的に受け取ることが可能となりました（**図表5-5**）。

■ **図表5-5　子育てワンストップサービス（マイナポータルの「ぴったりサービス」）**

・H29.7.18からサービス検索を開始（まずは子育て関連サービスから）。
・H29.10.7からマイナンバーカードを活用した署名付き電子申請も開始。
　利用者は役所に出向くことなくオンライン申請が可能。
・プッシュ型のお知らせを電子で受け取ることができる。

（出典）内閣官房 情報通信技術（IT）総合戦略室「デジタル・ガバメントの取組状況について～ワンストップサービスの実現に向けて～」（2018年11月1日）

そして、**図表5-7**に示すように、添付書類が必要な手続きについては「スキャンしたデータや、スマートフォン等で撮影した写真を添付可能とする機能」が提供されています。前述した就労証明書についても、スキャンしたデータやスマホ等で撮影した写真を添付することで電子申請が可能となりました。

2018年時点のデータ（**図表5-6**）ですが、子育て関連手続きについてインターネットで手続きの検索・比較が可能な自治体が97.2%（自治体数ではなく、人口カバー率）、電子申請が可能な自治体が66.0%となっています。2019年1月以降で電子申請可能な自治体が92.3%（予定）となっていますので、今後国民の利用が期待できます。

■ 図表5-6 子育てワンストップサービス（ぴったりサービス）の対応状況

・インターネットで手続の検索・比較が可能（一部は様式の印刷まで可能） （H30.10.1時点）

市区町村数 （人口 カバー率）	児童手当	保育	ひとり親支援	母子保健
	延べ1,545団体(97.2%)			
	1,537団体 (94.9%)	1,504団体 (94.7%)	1,462団体 (93.2%)	1,483団体 (94.0%)

・電子申請が可能 （H30.9.28時点）

市区町村数 （人口 カバー率）	児童手当	保育	ひとり親支援	母子保健
	実施済：延べ883団体（66.0%）			
	～H30年度12月末：延べ942団体（72.5%）（予定）			
	H31年1月以降～：延べ1,337団体（92.3%）（予定）			
実施済	839団体 (62.8%)	542団体 (35.9%)	314団体 (19.9%)	585団体 (35.9%)

※ 「ぴったりサービスの取組状況に関するフォローアップ（第2回）」の回答を集計したもの
※ 各自治体の対応状況は子育てワンストップサービス（ぴったりサービス）トップページにて確認可

（出典）内閣官房 情報通信技術（IT）総合戦略室「デジタル・ガバメントの取組状況について～ワンストップサービスの実現に向けて～」（2018年11月1日）

■ 図表5-7　子育てワンストップサービス電子申請対象手続

制度	所管府省	オンライン申請	実施時期	お知らせ機能	実施時期	備考
児童手当	内閣府 子ども・子育て本部 児童手当管理室	児童手当の受給資格及び児童手当の額についての認定の請求	H29.7~	児童手当の受給資格及び児童手当の額についての認定の請求に係る補正等の連絡及び結果通知	H29.7~	添付書類は、スキャンしたデータや、スマートフォン等で撮影した写真を添付可能とする機能を提供。ただし、オンライン申請の添付ファイルにはなじまない添付書類については、別途郵送や来所による提出を行うと想定。
		児童手当の額の改定及び請求及び届出	H29.7~	児童手当の額の改定の請求及び届出に係る補正等の連絡及び結果通知	H29.7~	
		氏名変更/住所変更等の届出	H29.7~			
		受給事由消滅の届出	H29.7~	未支払の児童手当の請求に係る補正等の連絡及び結果通知	H29.7~	
		未支払の児童手当の請求	H29.7~			
		児童手当に係る寄附の申出	H29.7~			
		児童手当に係る寄附変更等の申出	H29.7~			
		受給資格者の申出による学校給食費等の徴収等の申出	H29.7~			
		受給資格者の申出による学校給食費等の徴収等の変更等の申出	H29.7~			
		児童手当の現況届	H30.6~	児童手当の現況届の提出時期の通知	H30.5~	
				現況届に係る補正等の連絡及び結果通知	H30.7~	
保育	内閣府 子ども・子育て本部 / 厚生労働省 子ども家庭局 保育課	支給認定申請書※1	H29.9~	※2	H30.5~	添付書類は、スキャンしたデータや、スマートフォン等で撮影した写真を添付可能とする機能を提供。ただし、オンライン申請の添付ファイルにはなじまない添付書類については、別途郵送や来所による提出を行うと想定。就労証明書については、電子的に入力可能な様式を提供予定。
		保育施設等利用申込書	H29.9~	現況届の提出時期の通知	H29.9~	
		保育施設等の現況届	H29.9~	募集要項の公表などPRの更新の通知	H29.9~	
				アンケート機能等を活用した効率的な面談の調整	H29.9~	
ひとり親家庭支援	厚生労働省 子ども家庭局 家庭福祉課	児童扶養手当の現況届の事前送信	H30.7~	現況届の提出時期の通知	H30.5~	添付書類は、スキャンしたデータや、スマートフォン等で撮影した写真を添付可能とする機能を提供。ただし、オンライン申請の添付ファイルにはなじまない添付書類については、別途郵送や来所による提出を行うと想定。
母子保健	厚生労働省 子ども家庭局 母子保健課（妊娠の届出、健診）健康局 健康課 予防接種室（予防接種）	妊娠の届出	H29.7~	※2	H29.7~	平成29年7月よりマイナポータルの自己情報表示機能を利用した、予防接種履歴情報の閲覧も可能。
				妊婦健診の勧奨の通知	H29.7~	
				アンケート機能を活用した効率的な面談の調整を可能にする	H29.7~	
				子供の月齢/年齢に応じた健診情報を通知	H29.7~	
				子供の年齢等に応じた予防接種情報を通知	H29.7~	

※1 保育に係る支給認定申請において、1号・2号・3号の各認定申請書を同一様式で行うことを基本とするが、電子申請においても同様に1～3号のいずれの認定申請も対象とすることができる。

※2 お知らせ機能は、国の法令や地方公共団体の条例の実施団体ごとにマイナンバーを利用することが可能な事務である必要があるが、それ以外の制約は特にないため、上述以外の事務についても積極的に検討。

（出典）内閣官房 情報通信技術（IT）総合戦略室「デジタル・ガバメントの取組状況について～ワンストップサービスの実現に向けて～」（2018年11月1日）

5 マイナポイントを活用した消費活性化

　2019年10月の消費税増税に伴う消費活性化策として、マイナンバーカードの活用案が話題となっていますので、これについても触れておきます。政府としては骨太の方針等を踏まえ、消費税率引上げに伴う需要平準化策（臨時・特別の措置）として、「マイナポイント」を活用した消費活性化策を実施する予定です。

　スケジュールにあるとおり、増税直後のプレミアム付商品券とポイント還元などの対策が終了した2020（令和２）年度に事業が実施されます。2019年１月６日にマイナポイントのウェブサイト（https://mynumbercard.point.soumu.go.jp/）が開設され、マイキーID の設定方法や今後のスケジュールなどが情報提供されています。現状ではマイキー ID の設定ができ、2020年７月からマイナポイントの申込み、2020年９月からマイナポイントの付与が実施される

■**図表5-8　マイナポイントの仕組みのイメージ**

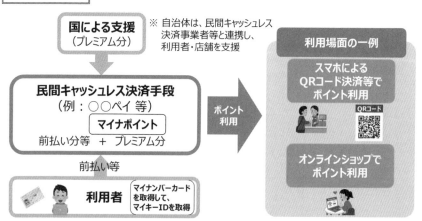

（出典）「「マイナポイント」を活用した消費活性化策」デジタル・ガバメント閣僚会議（第５回）資料４（2019年９月３日）

	対象者	令和元年度	令和2年度
		10月	
低所得者・子育て世帯向けプレミアム付商品券	・住民税非課税者 ・学齢3歳未満の子（世帯主）	事業実施 （2019年10月〜2020年3月末）	
中小・小規模事業者の店舗での消費者へのポイント還元等の支援策	・キャッシュレス決済手段を用いて支払いを行う消費者等	事業実施 （2019年10月〜2020年6月末）	
マイナポイント※1を活用した消費活性化策	マイナンバーカードを取得し、マイキーID※2を設定した者 （要件の詳細は今後検討）		ポイント還元終了後 **事業実施** （一定期間）

（出典）「「マイナポイント」を活用した消費活性化策」デジタル・ガバメント閣僚会議（第5回）資料4
　　　（2019年9月3日）

■図表5-10　マイナポイントの利用イメージ①

・事前準備として、マイナポイント申込みページで、利用するICカードを選択し、申込み。
・ICカードにチャージすると、一定額のプレミアムが付与される。

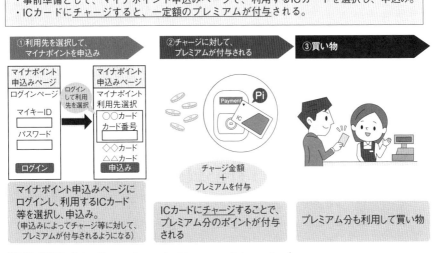

（出典）総務省（https://mynumbercard.point.soumu.go.jp/promotion/）

・事前準備として、利用者が希望するQR決済アプリから、マイナポイントを申込み。
・QR決済アプリを使って買い物をすると、一定額のプレミアムが付与される

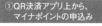

①QR決済アプリ上から、マイナポイントの申込み

②QR決済アプリを使って買い物

③プレミアムが付与される

QR決済アプリから
マイナポイント申込み
(申込みによって、QR決済のポイントとしてプレミアムが付与されるようになる)

申込みを行ったQR決済アプリで、買い物をする

買い物後、利用金額に応じてプレミアム分が付与される

（出典）総務省（https://mynumbercard.point.soumu.go.jp/promotion/）

予定です。

　なお、マイナポイントとはマイキーIDで管理されるポイントで、マイキーIDとは本人による申請で付与されるIDで、マイナンバーとは異なり民間サービスでも利用可能なIDとなります。マイナポイントの利用イメージを2種類、**図表5-10、5-11**に提示します。

3　規制改革推進会議の行政手続コスト削減

1　行政手続コスト削減

　規制改革推進会議は、2016年9月に内閣総理大臣の規制改革に関

する諮問機関として内閣府に設置されました。この組織は経済社会の構造改革を進めるうえで必要な規制のあり方の改革について調査審議することが任務ですが、「情報通信技術の活用その他による手続の簡素化による規制の在り方の改革を含む」と内閣府本府組織令に明記されているように、単なる規制だけでなく手続きについても規制改革推進という観点からデジタル技術を活用して改革していくという姿勢をもっています。そのため、この会議の決定はデジタル手続法と同様、企業の実務に対して大きな影響を与えるものとなっています。

デジタル手続法成立後の2019年6月21日に閣議決定された「規制改革実施計画」では、主な実施事項4つのうちの1つとして「行政手続コストの削減」が掲げられ、次のような事項が決定されています。事業者の行政手続コストを2020年3月までに20％以上削減するという目標を掲げており、各省庁はこの目標に向けた取組みを推進しているところです。

「行政手続コストの削減」

【目標】書類の削減等を進め、事業者の行政手続コストについて、令和2年3月までに20％以上削減する。

○中小企業・小規模事業者向け補助金、社会保険手続

・一つのID・パスワード（経産省の法人認証基盤を利用）でのオンライン申請を実現。【令和2年4月導入を目指す】

○保育所入所時の就労証明書の作成手続

・標準的様式の普及に向け、地方自治体に働きかける。大都市には、大都市向けの標準的様式を周知する。【令和元年度上期までに措置】

○地方自治体の先進的な取組の横展開

・手続のデジタル化に向け、標準様式を作成、普及するとともに、

> 添付書類の削減や押印省略等の措置がとられればそれを自治体に周知し、手続のオンライン化を推奨する。【令和元年度以降継続的に措置】
>
> （内閣府規制改革推進室「規制改革実施計画　主な実施事項」2019年6月）

　現状と課題を踏まえて実施していく事項について、1枚の図表で表現したものを**図表5-12**に示します。これらのなかで企業実務に直接関係するものを、「行政手続コスト削減に向けて（見直し結果と今後の方針）」（規制改革推進会議・行政手続部会、2019年7月29日改定）に基づいて具体的に見ていくことにします。

　具体的な手続きとしては次のものであり、順に見ていきます。

(1)　社会保険に関する手続き

(2)　国税および地方税に関する手続き

(3)　補助金の手続きにおける負担軽減

(4)　就労証明書等、各種証明書発行の効率化

(5)　行政への入札・契約、その他行政手続コスト削減

2　社会保険に関する手続き

　社会保険については4つの項目が挙げられています。

①　電子申請の義務化

　大法人（資本金又は出資金の額が1億円超の法人等）を対象に、2020年4月1日以降に開始する事業年度から義務化されます。社会保険労務士又は社会保険労務士法人が大法人の事業所に代わって手続きを行う場合も同様です。

　義務化される手続きは次の14種類で、年間手続件数としてはそれぞれ50万件から900万件あり、これらが電子化されれば事業者も行政も効率化が図られると考えられます。

図表 5-12　行政手続コストの削減

事業者の行政手続コスト（3億5千万時間（9千億円））について、来年3月までに20%以上削減する。また、地方自治体にも、このような簡素化・デジタル化の取組を展開する。

現状と課題

1. 中小企業・小規模事業者を対象とする補助金、社会保険手続

- 従業員の入社・退社等の社会保険の窓口（年金事務所、ハローワークなど）に複数の社会保険の窓口（年金事務所、ハローワーク）に複数の社会保険の窓口を回ることが負担
- オンライン申請に電子証明書（年間手数料7,900円）が必要
- 各種補助金を申請する際に、同じ情報を重複して記述する必要

2. 保育所入所時の就労証明書の作成手続

- 地方自治体毎に様式がバラバラで、一部ずつ紙に押印が必要
- 標準的な様式の普及率は約40％で、特に待機児童問題を抱える大都市での導入が進んでいない

全国	大都市 (100万人以上)	東京23区
40%	18%	9%

3. 地方自治体の先進的取組の横展開

- 先進的な地方自治体（鳥取県、徳島県等）の取組を広範な地方自治体に横展開すれば、大きな効果

行政手続の簡素化・オンライン化

実施事項

1. 中小企業・小規模事業者を対象とする補助金、社会保険手続

- 1つのID・パスワード（経産省の法人共通認証基盤を利用）でのオンライン申請を実現
- 国のみならず地方自治体にも補助金共通申請システムの活用を要請
- 財務書類等の申請書類を標準化【令和2年4月導入を目指す】

2. 保育所入所時の就労証明書の作成手続

- 令和2年入所分の標準的様式の普及率70%を目指し、地方自治体に働きかける（大都市が採用しやすい様式を作成）【令和元年度上期までに措置】
- 押印不要化を含め、デジタルで完結する仕組みの構築を検討【令和3年度までに措置】

3. 地方自治体の先進的取組の横展開（国に求められる取組）

- 所管法令の事務の実態を把握し、デジタル化の障害・事業者にとって重い負担となっている行政実務の点検・是正
- 手続のデジタル化に向け、標準様式を作成、普及。添付書類の削減、押印省略等
- 国・地方に共通した使い勝手のよい申請システムの構築　継続的に措置【令和元年度以降　継続的に措置】

（出典）内閣府規制改革推進室「規制改革実施計画　関連資料集」（2019年6月）

社会保険の種類	届出等の種類
厚生年金保険	被保険者賞与支払届
	被保険者報酬月額算定基礎届
	70歳以上被用者 算定基礎・月額変更・賞与支払届
	厚生年金被保険者報酬月額変更届
健康保険	被保険者賞与支払届
	被保険者報酬月額算定基礎届
	健康保険被保険者報酬月額変更届
労働保険	労働保険概算・増加概算・確定保険料申告書
	石綿健康被害救済法一般拠出金申告書
雇用保険	雇用保険被保険者資格取得届
	雇用保険被保険者資格喪失届
	雇用保険被保険者転勤届
	高年齢雇用継続給付支給申請
	育児休業給付支給申請

② 従業員に関する手続きの簡素化

　従業員に関する手続きに関して、国がマイナンバーを活用したり、手続き見直しやシステム改修をしたりすることで、中小企業・小規模事業者にとっての手続事務を楽にしようというものです。

　例えば、年金事務に関して事業所が氏名変更や住所変更の届出を行うことが不要となります。また、年金事務で基礎年金番号ではなくマイナンバーを使うようになるため、事業主が年金手帳を管理する必要もなくなります。

取組主体	取組事項	取組時期
厚生労働省	日本年金機構におけるマイナンバー活用で住所変更届、氏名変更届を省略	平成29年度（2017年度）
厚生労働省	日本年金機構において、基礎年金番号だけでなくマイナンバーによる各種手続を実施	平成29年度（2017年度）
厚生労働省	年金事務におけるオンライン手続の見直し	平成29年度（2017年度）から令和元年度（2019年度）
厚生労働省、総務省	雇用保険事務（ハローワーク）におけるオンライン手続の見直し	平成29年度（2017年度）から令和２年度（2020年度）

③　社会保険手続におけるID・パスワード方式の導入

　2020年度（令和２年度）当初に、社会保険手続におけるID・パスワード方式を導入し、中小企業・小規模事業者が少ない負担でオンライン手続できるようになります。

　現在、中小企業・小規模事業者にとっては、従業員の入退社のたびに複数の社会保険の窓口（年金事務所、ハローワークなど）を回らなければならず、オンライン申請をしようにも本人確認のための電子証明書の負担（商業登記電子証明書の場合は年間手数料7,900円）が大きく、普及していないという事情があります。

　具体的には、2020年４月からGビズID（法人共通認証基盤）を利用したID・パスワード方式を導入し、オンライン手続が簡単にできるようになります。GビズIDについては本章で後述します。

④　押印・署名の省略と様式・窓口の統一化

　企業や事業者含め事業主が従業員の届出を行政機関に提出する手

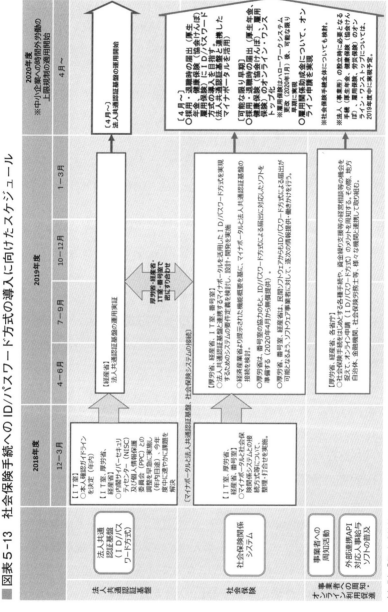

■ 図表5-13 社会保険手続へのID/パスワード方式の導入に向けたスケジュール

（出典）「行政手続簡素化工程表の進捗状況」第9回中小企業・小規模事業者の長時間労働是正・生産性向上と人材確保に関するワーキンググループ資料3（2019年6月12日）

続きがありますが、これらにおいて従業員本人の押印・署名を省略し、手続きの簡素化を図ることが決定されました。具体的には次のような手続きにおいて、従業員本人の押印・署名が省略されます。

制度	取組事項	取組時期
厚生年金保険	従業員本人の押印・署名を求めている9種類の届出のうち、事業主と従業員の利益が相反する可能性があり、従業員本人の意思を確実に確認する必要のある2手続を除く7種類の手続きにつき、事業主が「本人が当該届出を提出する意思を確認しました。」と記載することで、従業員本人の押印・署名を省略。	平成30年度（2018年度）のなるべく早い時期
健康保険	従業員本人の押印・署名を求めている7種類の手続きのうち、事業主と従業員の利益が相反する可能性があり、従業員本人の意思を確実に確認する必要のある2手続を除く5種類の手続きにつき、事業主が「本人が当該届出を提出する意思を確認しました。」と記載するなどの方法で、従業員本人の押印・署名を省略。	令和元年度（2019年度）上期中
雇用保険	従業員本人の押印・署名を求めている4種類の手続きのうち、事業主と従業員の利益が相反する可能性がある離職証明書を除く3種類の手続きにつき、一定の要件を満たした場合には本人の押印・署名を省略。	平成30年（2018年）10月

　また、電子申請を推進しても、紙媒体の届出が一定程度残ると考えられます。これらについても様式の統一化や窓口の一本化を行い、手続きの簡素化が図られることになります。ここではデジタル手続法のワンストップ・ワンスオンリーの考え方が反映されています。

様式の統一化で、重複記載や複数様式の作成が不要となり、共通項目（事業所名、住所等）の記載が1回だけで済むようになります。また、年金事務所、労働基準監督署、ハローワークへ一括して提出することで、移動時間や待ち時間、受付時間も削減されると期待されています。具体的には下記の項目が取り組まれています。

取組主体	取組事項	取組時期
厚生労働省	関係局において、統一様式およびワンストップ受付窓口の設置に向けて調整を開始し、結論を得る。	平成29年度（2017年度）
厚生労働省	関係局および実施機関（ハローワーク、労働基準監督署、日本年金機構）において、統一様式およびワンストップ受付窓口の設置に係る事務フローの構築。 統一様式に対応したハローワークシステム、労働保険適用徴収システムおよび日本年金機構のシステムの改修を実施。	平成30年度（2018年度）
厚生労働省	実施機関における統一様式の適用およびワンストップ受付窓口の設置による事務処理を開始（年度中）。	令和元年度（2019年度）

3　国税および地方税に関する手続き

　2年前の行政手続部会では大法人の法人税等の電子申告の利用率100％を目指すことが定められました。今回のデジタル手続法成立に伴い、デジタルファーストやワンスオンリーの原則に則り、事業者の観点から手続きの電子化・簡素化に向けた取組みをさらに進めることが決定され、以下の工程が明記されました。

① 国税・地方税の電子申告推進

●大法人（資本金の額等が1億円を超える法人等）の場合

　国税（法人税・消費税等）と地方税（法人住民税・法人事業税）の申告に関して、電子申告利用率100％が目標として掲げられ、2020年4月以後に開始する事業年度(課税期間)から取組みが始まります。

　それとともに提出情報等のスリム化、認証手続の簡便化等、申告データの円滑な電子提出のための環境整備が2020年4月までに順次実施されることになっています。

●中小法人の場合

　中小法人も電子申告の推進へ向けた取組みが実施されますが、国税の電子申告利用率85％、地方税の電子申告利用率70％と大法人よりも緩く、取組時期についても明示されていません。

② 国税・地方税の手続きにおける一元化・簡素化（取組時期）

・法人納税者の開廃業・異動等に係る申請・届出手続の電子的提出の一元化（2020年3月）

・法人税・地方法人2税の電子申告における共通入力事務の重複排除（2020年3月）

・財務諸表の提出先の一元化（2020年4月）

③ 国税（個人納税者）における手続き簡素化（取組時期）

・マイナンバーカードに搭載された電子証明書を用いてe-Taxを利用する場合において、e-TaxのID・パスワードの入力を省略（2019年1月）

・マイナンバーカード等の未取得者を念頭に、厳格な本人確認に基づき税務署長が通知したID・パスワードのみによるe-Taxの利用を可能とする（2019年1月）

④ 地方税（法人住民税等）のワンストップ化（取組時期）

・全地方団体に対し、一度の手続きで電子納税を行える仕組み（地方税共通納税システム）を導入（2019年10月）

4　補助金の手続きにおける負担軽減

　中小企業・小規模事業者にとって、補助金の申請手続において同じ情報を重複して記載しなければならないことが大きな負担となっていました。

　このような課題に対し、中小企業・小規模事業者を対象とする補助金の手続きについてはGビズID（法人共通認証基盤）を活用して、ID・パスワードで簡単にオンライン申請できるようになります。また、経済産業省が構築している簡易なjGrants（補助金申請システム）を他省庁や自治体にも拡大していく予定になっています。

　具体的には、「中小企業・小規模事業者の長時間労働是正・生産性向上と人材確保に関するワーキンググループ」がまとめた「補助金申請システム（Jグランツ）の展開スケジュール)」（**図表5-14**）に則って取組みが進められます。

　このワーキンググループでは**図表5-15**に示すように、前述した社会保険に関する手続きを含め、補助金申請の手続きについてもデジタル手続を推進し、中小企業の長時間労働の是正や生産性向上を図ろうとしています。

5　就労証明書等、各種証明書発行の効率化

　従業員が保育所等の利用申請を行う場合、事業者は従業員に対して就労証明書を発行しなければなりません。しかし、自治体ごとに様式が異なるため、事業者としてもその事務負担が問題となっていました。

　関係各省庁では2017年以来、標準様式化、デジタル化に取り組んできましたが、標準的様式の普及率はまだ約40％（保育所等申込者ベース、2018年8月時点）にとどまっています。

　そこで、特に待機児童問題を抱え、標準的様式の普及が進んでい

図表 5-14 補助金申請システムの展開スケジュール

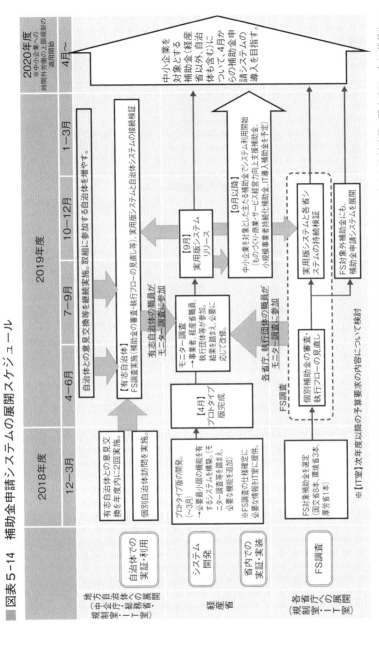

※「IT室1次年度以降の予算要求の内容について検討

※「行政手続簡素化工程表の進捗状況」第9回中小企業・小規模事業者の長時間労働是正・生産性向上と人材確保に関するワーキンググループ資料3（2019年6月12日）

（出典）

3. 規制改革推進会議の行政手続コスト削減　147

■ 図表 5 -15　社会保険、補助金等の申請手続の簡素化

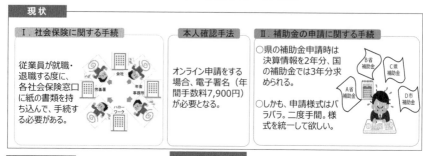

（出典）「社会保険、補助金等の申請手続の簡素化」第 6 回中小企業・小規模事業者の長時間労働是正・生産性向上と人材確保に関するワーキンググループ参考資料（2018年12月13日）

ない大都市に向けて、大都市向けの標準的様式が新たに提案されています（**図表 5 -16**を参照）。2020年度入所分の標準的様式の普及率70％（保育所等申込者数ベース）という目標達成を目指しており、自治体特に大都市に向けて周知徹底していく予定です。

　例えば、東京都23区で見ると、標準様式を導入しているのは葛飾区だけであり、港区と大田区が2020年度から導入予定となっているだけです。また、政令指定都市20市を見ると、導入しているのが川崎市、京都市、堺市、浜松市、相模原市、岡山市、静岡市の 7 市、導入予定・検討中が 5 都市となっています。

6　行政への入札・契約、その他行政手続コスト削減

　行政への入札・契約における手続きの簡素化については、特に中

■図表5-16　大都市向け就労証明書（案）

大都市向け就労証明書（案）

_____ 宛

①証明書発行事業所名		⑥証明日（西暦）			年		月		日
②証明書発行事業所住所		⑦記入内容の問合せ先	担当部署						
③証明書発行責任者氏名			担当者名						
④証明書発行責任者役職			電話番号						
⑤押印			メールアドレス（任意）						

下記の内容について、事実であることを証明いたします（ただし、発行者が証明日時点で把握している情報に限る）。

No.	項目	記入欄								
1	フリガナ				社員番号等（任意）					
	本人氏名									
	本人住所									

本人の就労状況、就労先（就労予定先の場合含む）に関する項目

2	就労状況・予定	現在の就労状況	1. 就労中　2. 産休・育休中　3. 就労予定（転職が内定している者含む）　4. その他（　　　　　）							
		単身赴任※予定含む	1. 無　2. 有	赴任期間	西暦	年	月	日 ～	年	月	日
3	主な就労先事業所名※①と異なる場合は記入				主な就労場所	1. 自宅内　2. 自宅外				
4	主な就労先住所※②と異なる場合は記入									

本人との契約（雇用契約等、就労に関する契約）・就業規則の内容に関する項目
※実際に働いた時間や支給された給与の額ではなく、雇用契約・就労就業規則の内容に関する事項を記入ください。

5	給与形態／金額	給与形態※賞与一時金、通勤手当を除いた給与（税・社会保険料等の控除前の額）	1. 年俸　2. 月給　3. 日給　4. 時間給　5. その他（歩合等）（　　　）			金額（円）				
6	就労形態	役員・自営業主	1. 役員（会社の取締役・監査役、法人の理事等）　2. 自営業主（個人事業主）							
		被用者	3. 正規の職員・従業員　4. 労働者派遣事業所の派遣社員　5. 契約社員・嘱託　6. パート・アルバイト							
		その他	7. 家庭内職者　8. 家族従業者　9. その他（　　　）							
	働き方		1. 固定の労働時間制　2. 変形労働時間制　3. フレックスタイム制　4. 事業場外労働のみなし労働時間制　5. 裁量労働制　6. その他（　　）							
7	就労時間※休憩時間含む	月	時間	分	就労日数	月				日
		日	時間	分（うち休憩時間）		分				
8	就労時間帯※フレックスタイム制、裁量労働制の場合は標準的な就労時間帯を記入	平日	時	分 ～		時		分		
		土曜	時	分 ～		時		分		
		日曜	時	分 ～		時		分		
9	就労日	1. 月　2. 火　3. 水　4. 木　5. 金　6. 土　7. 日　8. 祝日　9. 不定								
10	契約期間※契約終結日ではなく、就労開始（予定）日を記入※有期の者は終期も記入	（有期契約の場合）契約の更新の有無		1. 有　2. 無						
		就労開始日（入社日等、働き始めた日）				契約満了日　※有期の場合は記入				
		西暦	年	月	日 ～	西暦	年	月	日	

※2ページ目（裏）に続く

（次頁に続く）

3. 規制改革推進会議の行政手続コスト削減　**149**

申請者の就労実績に関する項目 ※契約・規則上の時間・金額ではなく、実際に働いた時間・支給額の「実績」を記入ください。												

11	直近の就労実績	年・月	i 西暦		年		月	ii 西暦		年		月	iii 西暦		年		月
		就労日数 ※有給休暇取得日数含む					日					日					日
		労働時間 ※休憩時間含む			時間		分			時間		分			時間		分
		残業時間			時間		分			時間		分			時間		分
		給与支給実績 ※賞与・一時金、通勤手当を除いた給与額（税・社会保険等の控除前金額）					円					円					円
		年・月	iv 西暦		年		月	v 西暦		年		月	vi 西暦		年		月
		就労日数 ※有給休暇取得日数含む					日					日					日
		労働時間 ※休憩時間含む			時間		分			時間		分			時間		分
		残業時間			時間		分			時間		分			時間		分
		給与支給実績 ※賞与・一時金、通勤手当を除いた給与額（税・社会保険等の控除前金額）					円					円					円

育児に関する休暇・短時間勤務制度に関する項目

12	産前・産後休暇の取得（予定）期間	西暦	年	月	日	～	西暦	年	月	日
13	育児休暇の取得（予定）期間	西暦	年	月	日	～	西暦	年	月	日
14	復職予定日 ※発行会社で産休中・育休中の者のみ	西暦	年	月	日	入所が内定した場合の育児休暇の短縮可否	1. 可 2. 否			

15	短時間勤務制度の利用予定と期間中の就労時間 ※利用（予定）時間、期間中就労時間は申請者利用時のみ記入	入所以降の短時間勤務制度の利用予定	1. 有 2. 無		短時間勤務制度の利用終了予定日	西暦	年	月	日
		制度利用（予定）期間中の就労時間帯	平日	時	分 ～	時	分	うち休憩	分
			土曜	時	分 ～	時	分	うち休憩	分
			日曜	時	分 ～	時	分	うち休憩	分

保育士等（保育士、幼稚園教諭又は保育教諭）としての勤務実態の有無

16	保育士等としての勤務実態の有無	1. 有 2. 無	
	備考		

※就労証明書様式、記入要領は●●●のHP（URL）よりダウンロードができます。

↑までは、システムによる自動出力を可能とするため、
各地方自治体において、各項目（選択肢・記入要領を含む。）の追加・削除・修正や行・列の追加・削除をしないでください。
必要性を十分に精査の上、追加・削除・修正を行う場合、記入要領の別紙の方法にのっとって、↓以降への追加等をお願いします。

（出典）規制改革推進会議・行政手続部会「行政手続コスト削減に向けて（見直し結果と今後の方針）」（2019年7月29日改定）

小企業からの要望が多いと認識されていますが、次のように地道に取組みが進んでいます。

　物品・役務については、政府電子調達システム（入札・契約事務）および調達総合情報システム（競争参加資格申請事務）の改善を図るとともに、資格申請時における添付書類の省略も予定されています。具体的には、調達総合情報システムにおける競争参加資格申請で下記の添付書類が省略されます。また、財務諸表についても省略可能となるよう検討が進められています。

・登記事項証明書（写し）および納税証明書（写し）の提出省略（2020年度以降）

・営業経歴書および誓約書・役員等名簿の提出省略（次回の競争参加資格定期審査（2019年1月〜）から申請書記載事項へ一本化）

　建設工事・測量については、経営事項審査申請書類等の簡素化・電子申請化について検討されており、地域発注者協議会を活用した入札契約手続の簡素化、競争参加資格確認における提出資料簡素化の取組み（簡易確認型）についても検討されています。

　以上述べた以外にも行政手続コスト削減についての方針が出されています。例えば、調査・統計関係では、オンライン調査の導入、報告者数・調査項目の削減、行政記録情報による代替、すでに把握している情報についてプレプリントするなどによって20％削減が確実に達成されるよう、各省庁の基本計画に対して改善が要請されています。

　また、従業員の労務管理に関する手続きにおいては、労働基準法上の手続き（特に件数が多い3つの手続き：時間外労働・休日労働に関する協定届、1年間の変形労働時間制に関する協定届、就業規則の届出）について、電子署名省略等で電子申請率の目標を31％（現状1％未満）とし、事業者の行政手続コストが20％削減される予定です。そして、労災保険における特別加入（海外派遣者）に係る報

告書を廃止し、雇用関係助成金については申請の簡素化・オンライン化の取組みが進められます。

さらに、商業登記については、オンラインによる法人設立登記の24時間以内の処理を実現すべく取組みが進められます。

4 デジタル・ガバメント計画の推進

デジタル手続法や規制改革推進会議の行政手続コスト削減も、各省庁のデジタル・ガバメント計画の推進と無関係ではなく、これらを強化するものと捉えられます。各省庁ではデジタル・ガバメント計画に基づき、これまでも着々と手続きのデジタル化を進めてきました。それぞれの施策が入り組んでいるため重複したりするなど複雑な様相を呈していますが、企業の実務としてはこれらの動きも把握しておかなければならないため、ここで整理をしておくことにします。

1 電子申告の義務化

税の手続きに関してみると、2018年度税制改正によって「電子情報処理組織による申告の特例」が創設され、大法人が行う法人税等の申告に対してe-Taxを活用した電子申告が義務付けられました。
「3 国税および地方税に関する手続き」で前述した内容と重複する部分がありますが、義務化されるものについて、その概要をe-Taxのウェブサイトで確認してみます。

【電子申告の義務化の概要】
1. 対象税目（著者注：地方税も対象となる）
　　法人税及び地方法人税並びに消費税及び地方消費税

2．対象法人の範囲（著者注：人格のない社団等及び外国法人は含まれない）

(1) 法人税及び地方法人税

① 内国法人のうち、その事業年度開始の時において資本金の額又は出資金の額（以下「資本金の額等」といいます。）が1億円を超える法人

② 相互会社、投資法人及び特定目的会社

(2) 消費税及び地方消費税

　(1)に掲げる法人に加え、国及び地方公共団体

3．対象手続

確定申告書、中間（予定）申告書、仮決算の中間申告書、修正申告書及び還付申告書（以下これらを総称して「申告書」といいます。）

4．対象書類

申告書及び申告書に添付すべきものとされている書類の全て

5．例外的書面申告

電気通信回線の故障、災害その他の理由によりe-Taxを使用することが困難であると認められる場合において、書面により申告書を提出することができると認められるときは、納税地の所轄税務署長の事前の承認を要件として、法人税等の申告書及び添付書類を書面によって提出することができます。

6．適用開始届出

電子申告の義務化の対象となる法人（以下「義務化対象法人」といいます。）は、以下のとおり納税地の所轄税務署長に対し、適用開始事業年度等を記載した届出書（e-Taxによる申告の特例に係る届出書）を提出することが必要です。

なお、減資により、資本金の額等が1億円以下となった場合等により義務化対象法人でなくなった場合にも、届出書の提出をお願いする予定です。（…略…）

なお、電子申告義務化対象法人の一覧（概要）と適用開始時期一覧については**図表5-17**と**5-18**をご覧ください。組織区分別の詳細な対象法人一覧表は以下で公表されています。（https://www.e-tax.nta.go.jp/hojin/gimuka/taisho_ichiran_soshiki.pdf）

(1)　電子申告義務化のための環境整備

電子申告義務化にあたり、利用者がこれまでより電子申告がしやすくなるよう環境整備として次の事項が実施されています。「大法

■**図表5-17　電子申告の義務化の対象法人一覧表（概要）**

	法人の区分			法人税等	消費税等
内国法人	普通法人	株式会社等	資本金の額等が1億円超	○	○
			資本金の額等が1億円以下	×	×
		受託法人（法人課税信託）		×	×
		相互会社		○	○
		投資法人		○	○
		特定目的会社		○	○
	公共法人	国・地方公共団体		―	○
		国・地方公共団体以外	資本金の額等が1億円超	―	○
			資本金の額等が1億円以下	―	×
	公益法人等	資本金の額等が1億円超		○	○
		資本金の額等が1億円以下		×	×
	協同組合等	資本金の額等が1億円超		○	○
		資本金の額等が1億円以下		×	×
	人格のない社団等			×	×

（注）1　資本金の額等の判定は事業年度開始の日で行う。
　　　2　設立根拠法に
　　　　　①　その資本金又は出資金自体について規定されているもの、
　　　　　②　その資本金又は出資金の出資について規定されているもの、
　　　　　③　上記のほか、定款に出資持分に関する定めがあることを前提とした制度が規定されているもの
　　　　については、資本金の額又は出資金の額が1億円超か否かで対象を判定します。それ以外の法人は一律義務化の対象外となります。
　　　3　連結納税が適用される法人税申告については、親法人が上記基準に該当すれば電子申告の義務化の対象。
　　　　なお、法人税で連結納税を適用している場合でも、消費税等の申告については、連結グループ内の個々の法人ごとに、上記基準により、
　　　　電子申告の義務化の対象か否かを判定します。
　　　4　外国法人については電子申告の義務化の対象外。

（出典）e-Tax「電子申告の義務化の対象法人一覧表（概要）」

■ 図表5-18　電子申告の義務化の適用開始時期

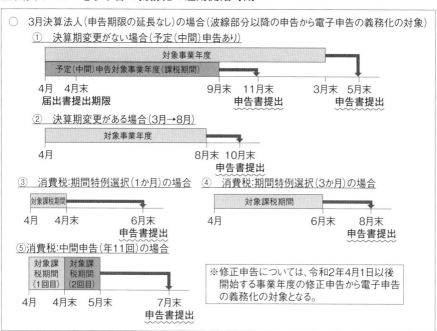

（出典）e-Tax「電子申告の義務化の適用開始時期一覧」

人についてe-Taxが義務化されます‼」（国税庁のパンフレット）に基づき、関連する図表とともに示しますので、企業としてはこれらの事項に留意しながら電子申告を進めていくべきでしょう。

【提出情報等のスリム化】

●勘定科目内訳明細書の記載内容の簡素化

　記載件数が100件を超える場合については、①又は②の記載方法によることも可能とします。

　①　売掛金（未収入金）や買掛金（未払金・未払費用）など、記載量が多くなる傾向にある勘定科目（14科目）を対象に、上位100件のみを記載する方法（記載省略基準の柔軟化）

②　受取手形の内訳書など、記載単位を（取引等の）相手先としている勘定科目（7科目）を対象に、支店・事業所別に記載する方法（記載単位の柔軟化）

●イメージデータ（PDF 形式）で送信された添付書類の紙原本の保存不要化

送信するイメージデータについて、一定の解像度・階調の要件を付した上で、紙原本の保存を不要とします。

　勘定科目内訳明細書の記載内容について、件数が100件を超える場合には記載の省略あるいは記載単位の柔軟化が図られています。また、添付書類をイメージデータ（PDF 形式）で送信した場合には、紙原本の保存が不要となりました。紙原本の保存不要化で、企業にとってもデジタル化のメリットが出てくるでしょう。

■図表5-19　イメージデータで送信された添付書類の紙原本の保存不要化

送信するイメージデータについて、一定の解像度・階調の要件を付した上で、紙原本の保存を不要とします。※従来は、税務署長の求めに応じて紙原本を提示・提出する義務がありましたが、これを廃止しました。

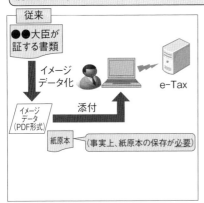
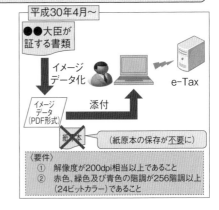

〈要件〉
①　解像度が200dpi相当以上であること
②　赤色、緑色及び青色の階調が256階調以上（24ビットカラー）であること

（出典）国税庁「「税務行政の将来像」に関する最近の取組状況」（2018年6月20日）

【データ形式の柔軟化】

●法人税申告書別表（明細記載を要する部分）・財務諸表・勘定科目内訳明細書のデータ形式の柔軟化

　エクセル等で作成可能なCSV形式による提出を可能とします（国税庁から標準フォームを提供（財務諸表については勘定科目コードを公表））。

　法人税申告書別表・財務諸表・勘定科目内訳明細書について、CSV形式で税務署に提出が可能となりました。これまでXML形式

■**図表5-20　法人税申告書別表（明細記載を要する部分）のデータ形式の柔軟化**

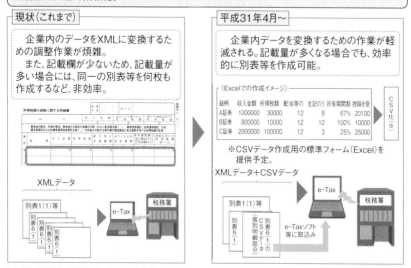

（出典）国税庁「「税務行政の将来像」に関する最近の取組状況」（2018年6月20日）

が指定されていたため形式変換など煩雑な作業が必要でしたが、国税庁から標準フォーム（Excel）が提供されるため、今後はデータ変換などの作業が軽減されることになります。

【提出方法の拡充】

・e-Tax の送信容量の拡大

　送信1回当たりの上限を、申告書は約2倍（約5,000枚）、添付書類は約5倍（約100枚）に拡大します。

・添付書類等の提出方法の拡充（光ディスク等による提出）

　e-Tax の送信容量を超えてしまうような場合に対応するため、光ディスク等による提出を可能とします。

　データ容量の増大に対応したもので、e-Tax における送信容量が2〜5倍になるとともに、大容量に対応するため光ディスクによる提出も認められました。

【提出先の一元化】

・国・地方税当局間の情報連携を通じた財務諸表の提出先の一元化

　外形標準課税対象法人等が、e-Tax により財務諸表を提出した場合には、法人事業税の申告における財務諸表を提出したものとみなします。

・連結法人に係る個別帰属額等の届出書の提出先の一元化

　e-Tax により提出した場合に、連結親法人による個別帰属額等の届出書の一括提出を可能とします。

　これまで国・地方と申告ごとに財務諸表を提出しなければならなかったものが、一度で済むことになります。ワンスオンリーの原則に則ったものです。

■図表5-21　国・地方を通じた財務諸表の提出先の一元化

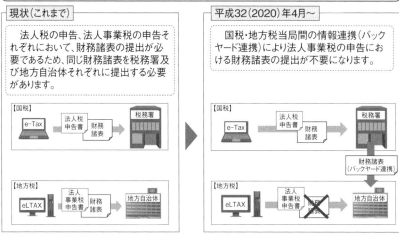

（出典）国税庁「「税務行政の将来像」に関する最近の取組状況」（2018年6月20日）

　さらに、連結法人に係る個別帰属額等の届出書も、子法人分を重複して提出することなく、連結親法人が一括して提出できることになりました。

【認証手続の簡便化】

●法人の認証手続の簡便化

①　法人税及び地方法人税の申告書における経理責任者の自署押印欄を廃止します（これにより、e-Tax により提出した場合、経理責任者の電子署名は不要となります。）。

②　法人が行う電子申告に付すべき代表者の電子署名に代えて、当該代表者の電子委任状を添付することにより、委任を受けた当該法人の役員・社員の電子署名によることも可能とします。

【概　要】
　連結法人の個別帰属額等の届出について、連結親法人が連結子法人の個別帰属額等をe-Taxを使用する方法又は当該個別帰属額等を記録した光ディスク等を提出する方法により当該連結親法人の納税地の所轄税務署長に提出した場合には、連結子法人が当該個別帰属額等を記載した書類を当該連結子法人の本店等の所轄税務署長に提出したものとみなし、連結子法人による提出を不要とする。

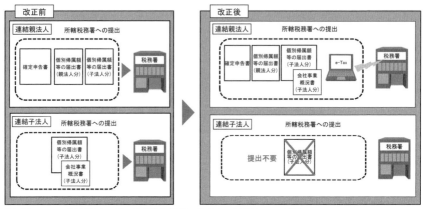

（出典）e-Tax「連結法人に係る個別帰属額等の届出書の提出先の一元化」

　法人税および地方法人税の申告書における経理責任者の自署押印（および電子申告の際の電子署名）が不要となるとともに、（電子委任状を添えて）委任された者のみの電子署名で電子申告が可能となります。

(2)　電子申告義務化に関するＱ＆Ａ

　電子申告義務化の項目に関するＱ＆Ａについては、以下にまとめておきました。

・大法人の判定は、「事業年度開始の時」に判定します。消費税の申告において、期間特例を受けている法人の各課税期間の消費税申告についても、「事業年度開始の時」に判定します。

・決算期変更以外でe-Tax義務化の開始時期が早くなる場合とし

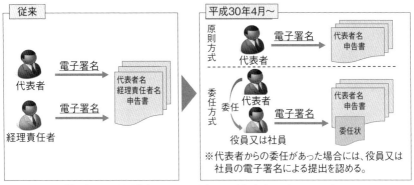

（出典）国税庁「「税務行政の将来像」に関する最近の取組状況」（2018年６月20日）

　て、2020年４月１日以後に開始する事業年度（課税期間）では、法人税（消費税）において予定（中間）申告（仮決算の場合も含む。）を行う場合、消費税において期間特例を選択している場合などがあります。

・e-Tax義務化の対象となった場合、所轄税務署長に対し、e-Tax義務化の対象法人である旨の届出書を提出する必要があります。

・義務化対象となっている大法人がe-Taxを行わず書面で申告した場合は、その申告書は無効なものとして取り扱われることとなり、無申告加算税の対象となります。そして２期連続で法定申告期限内に申告がない場合は、青色申告の承認の取消対象となります。

・インターネット回線の故障・災害などによって、e-Taxにより法定申告期限までに申告書を提出することが困難な場合には、所轄税務署長の承認を得たうえで、書面により申告書を提出することで、例外的に申告義務が履行されたものとみなされ、その書面に

よる申告書は有効なものとして取り扱われます。なお、所轄税務署長の承認を得るためには、事前に申請書を提出する必要があります。

(3) 納付手続のデジタル化

　国税庁では申告のデジタル化とともに、納付手続のデジタル化も進めています。**図表5-24**に示すように、ダイレクト納付で複数口座を扱うことが可能となりました。例えば、源泉所得税や法人税など、税金の種類ごとに異なる預貯金口座を指定してダイレクト納付を行うことができます。

　また、確定申告書作成コーナーなどを利用して、自宅で納付に必

■図表5-24　納付手続のデジタル化の推進

将来像の実現に向けて（最近の取組）

ダイレクト納付について、複数の金融機関の口座登録が可能になりました！

・ダイレクト納付の際に利用する預貯金口座を選択可能とすることで、例えば、源泉所得税や法人税等、税金の種類別に異なる預貯金口座を使用してダイレクト納付が可能に。【平成30年1月導入済み】【取組例⑧】

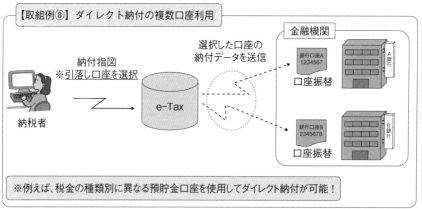

【取組例⑧】ダイレクト納付の複数口座利用

納付指図
※引落し口座を選択

納税者

e-Tax

選択した口座の
納付データを送信

金融機関

銀行口座A
1234567
口座振替

A銀行

銀行口座B
2345678
口座振替

B銀行

※例えば、税金の種類別に異なる預貯金口座を使用してダイレクト納付が可能！

※「QRコード」は株式会社デンソーウェーブの登録商標です。

（出典）国税庁「「税務行政の将来像」に関する最近の取組状況」（2018年6月20日）を一部改変。

■ 図表5-25　QRコードによる納付手続

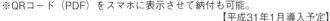

QRコードを利用したコンビニ納付を可能にします！

・自宅等において、確定申告書等作成コーナー等から納付に必要な情報を
　QRコードとして出力することで、コンビニでの納付が可能に。
※QRコード（PDF）をスマホに表示させて納付も可能。
【平成31年1月導入予定】

① 自宅等で作成・出力した「QRコード」（PDFファイル）をコンビニ店舗に持参
② いわゆるキオスク端末（「Loppi」や「Famiポート」）に読み取らせることによりバーコード（納付書）が出力
③ バーコード（納付書）によりレジで納付受託者に納付を委託する方法です。

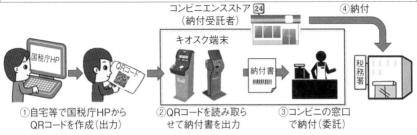

①自宅等で国税庁HPから　　②QRコードを読み取ら　　③コンビニの窓口
　QRコードを作成（出力）　　せて納付書を出力　　　　で納付（委託）

（出典）国税庁「［手続名］コンビニ納付（QRコード）」を一部改変。

要な情報を QR コードとして出力し、コンビニで納付することもで
きるようになりました（**図表5-25**）。

(4)　地方税における義務化

　地方税についても国税に準じて同様な義務化が課せられますが、
e-Tax ではなく eLTAX を使うなど若干異なる点があるため、東京
都のホームページに記載されている概要を下記に記載しておきま
す。なお、市区町村では法人住民税が対象となっています。

　1　対象税目
　　法人事業税、特別法人事業税および法人住民税
　2　対象法人
　　大法人とは、以下の(1)および(2)に掲げる内国法人をいう。

(1) 事業年度開始の時において資本金の額又は出資金の額が1億円を超える法人

(2) 相互会社、投資法人および特定目的会社

3　適用開始事業年度

令和2（2020）年4月1日以後に開始する事業年度

4　対象申告書等

確定申告書、中間（予定）申告書、仮決算の中間申告書、修正申告書およびこれらの申告書に添付すべきものとされている書類

5　その他

平成30年度および平成31年度（令和元年度）税制改正により以下のとおり定められました。

(1) 電子申告がなされない場合には不申告として取り扱う。

（著者注：「ただし書き」の部分を含め、この項目については次に解説します）

(2) 申告書の添付書類の提出方法の柔軟化

大法人が提出する申告書の添付書類については、eLTAX の利用に加えて、記載事項を記録した光ディスク等を提出する方法により提供することができる。

上記の「5　その他(1)」で、電子申告がなされない場合には不申告として取り扱うことになっていますが、障害などが発生した場合に国税と扱いが若干異なるため下記に示しておきます。

(1) 電子申告がなされない場合には不申告として取り扱う。ただし、次の①②の場合にはそれぞれ下記の措置を講ずる。

①eLTAX に障害が発生したことに伴い、多くの納税者が期限までに申告等をすることができないと認められる場合

総務大臣の告示により、申告等の期限を延長し、申告書および添

付書類を書面により提出することができる。

②電気通信回線の故障、災害その他の理由により eLTAX の利用が困難であると認められる場合

　書面により申告書を提出することができると認められる場合は、地方公共団体の長の承認を受けて、申告書および添付書類を書面により提出することができる。ただし、当該承認を受けるためには、書面による申告書および添付書類の提出をすることができる期間として地方公共団体の長の指定を受けようとする期間の開始の日の15日前（理由が生じた日が申告書の提出期限の15日前の日以後である場合は、当該期間の開始の日）までに、申告を行う地方公共団体の長に対して申請書を提出しなければならない。

　法人税の申告書を書面により提出することについての申請書（e-Tax による申告が困難である場合の特例の申請書）を所轄税務署長に提出したことを明らかにする書類を、申告書の提出期限の前日又は申告書に添付して当該提出期限までに申告を行う地方公共団体の長に提出した場合は、同様に申告書および添付書類を書面により提出することができる。

　eLTAX および地方税共通納税システムの概要については、総務省の資料を**図表5-26、5-27**に示しておきます。

2　支払調書の電子提出基準の引き下げ

　支払調書の電子的な提出について、これまで1,000枚以上の場合に義務付けられていましたが、この基準が100枚以上に引き下げられることになりましたので注意が必要です。

　支払調書の種類ごとに、前々年に提出すべきであった当該支払調書の枚数が100枚以上である支払調書について、2021年1月1日以降 e-Tax 又は光ディスク等による提出が義務化されます。

■ 図表5-26　eLTAX（エルタックス）について

○　eLTAXは、地方税共同機構（地方共同法人）により運営される地方税の電子申告及び国税連携のためのシステム。eLTAXが担う役割は順次拡大し、「地方税の電子化」の基盤となっている。

※ e-Tax（国税の電子申告のためのシステム）は国税庁が管理・運営

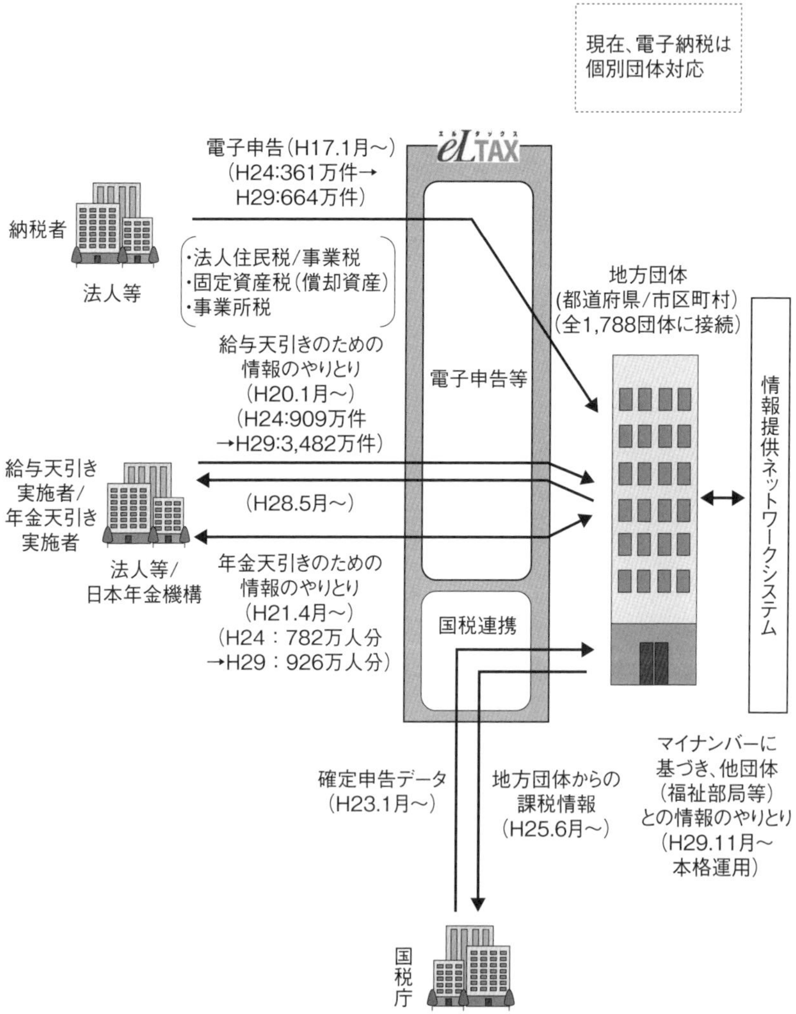

現在、電子納税は個別団体対応

電子申告（H17.1月〜）
（H24:361万件→H29:664万件）

納税者
法人等

・法人住民税/事業税
・固定資産税（償却資産）
・事業所税

給与天引きのための情報のやりとり
（H20.1月〜）
（H24:909万件→H29:3,482万件）

給与天引き実施者/年金天引き実施者

法人等/日本年金機構

（H28.5月〜）

年金天引きのための情報のやりとり
（H21.4月〜）
（H24：782万人分→H29：926万人分）

電子申告等

国税連携

地方団体（都道府県/市区町村）（全1,788団体に接続）

情報提供ネットワークシステム

マイナンバーに基づき、他団体（福祉部局等）との情報のやりとり（H29.11月〜本格運用）

確定申告データ（H23.1月〜）

地方団体からの課税情報（H25.6月〜）

国税庁

（出典）総務省「地方税の電子化について」地方財政審議会（2019年4月19日）

○　法人は、その事業活動が複数の地方団体にまたがること、またはその従業員が複数の地方団体から通勤するケースがあることから、地方税においては、紙ベースではなく電子的に申告等を行うニーズが、もともと高い。

○　eLTAXによる電子申告は、平成16年度の運用開始後、平成25年には全団体が利用することとなった。平成31年10月から「地方税共通納税システム」が導入され、従来可能であった電子申告に加え、電子納税が可能となることから、法人の事務負担は大きく軽減される見込み。

※当面の対象税目：法人事業税・住民税、個人住民税（給与所得・退職所得に係る特別徴収）、事業所税

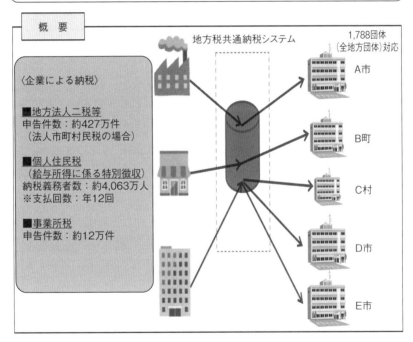

概　要

地方税共通納税システム

1,788団体
（全地方団体）対応

A市

B町

C村

D市

E市

〈企業による納税〉

■地方法人二税等
申告件数：約427万件
（法人市町村民税の場合）

■個人住民税
（給与所得に係る特別徴収）
納税義務者数：約4,063万人
※支払回数：年12回

■事業所税
申告件数：約12万件

※以下のとおり、法人の電子申告データを円滑に提出できるよう環境整備を進めつつ、まずは大法人について、電子申告義務化を図る。
・法人税及び地方法人二税の共通入力事務の重複排除【平成32年3月実施予定】
・国・地方を通じた財務諸表の提出先の一元化【平成32年4月実施予定】
・大法人における地方法人二税の電子申告義務化【平成32年4月1日以後に開始する事業年度の申告から】
・中小法人における地方法人二税の電子申告利用率70％以上【平成31年度まで】

（出典）総務省「地方税の電子化について」地方財政審議会（2019年4月19日）

■図表5-28　支払調書の電子提出義務化

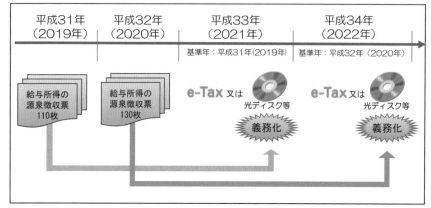

（出典）国税庁「e-Tax 又は光ディスク等による支払調書の提出義務基準の引き下げについて」
（https://www.nta.go.jp/publication/pamph/hotei/tebiki2018/PDF/16.pdf）

　例えば、2019年に提出された「給与所得の源泉徴収票」の枚数が「100枚以上」であった場合には、2021年に提出する「給与所得の源泉徴収票」は、e-Tax 又は光ディスク等により提出する必要があります。そして提出義務の判定は支払調書の種類ごとに行われることに留意してください。

　国税庁のパンフレットでは次の留意事項が記載されています。

・支払調書の光ディスク等による提出については、国税庁ホームページの「申告・申請・届出等、用紙（手続の案内・様式）」から「法定調書の光ディスク等による提出のご案内」をご覧ください。
・e-Tax 又は光ディスク等による法定調書の提出が義務付けられていない方が光ディスク等により法定調書を提出する場合には、税務署への事前の申請と税務署からの承認が必要です。
・給与所得（及び公的年金等）の源泉徴収票の e-Tax 又は光ディスク等による提出が義務付けられた年分については、市区町村に提

出する給与支払報告書（及び公的年金等支払報告書）についても
eLTAX（地方税ポータルシステム）又は光ディスク等による提出
が義務化されています。

（国税庁パンフレット「e-Tax 又は光ディスク等による支払調書の提出義
務基準の引き下げについて」）

3　税に関するデジタル・ガバメント計画の動向

　税や社会保険に関する手続きについては、財務省や厚生労働省の
最新のデジタル・ガバメント計画についても確認しておく必要があ
ります。財務省ではデジタル手続法の成立後、「財務省デジタル・ガ
バメント中長期計画」（2019年6月25日改定）を公表しています。

　このデジタル・ガバメント計画とは、行政のあり方そのものをデ
ジタル前提で見直す「デジタル・ガバメント」の実現をする「デジ
タル・ガバメント推進方針」（2017年5月）を踏まえた「デジタル・
ガバメント実行計画」（2018年1月）に基づいて、策定されてきた中
長期的な計画です。今回の計画は2018年度から2022年度までを対象
期間とし、デジタル手続法成立を踏まえて改定されたものです。こ
こでは手続き関係を中心に決定されている事項を整理してみます。

ア　手続の制度等の見直し

● e-Tax 認証手続の簡便化
　個人納税者がマイナンバーカードに搭載された電子証明書を用い
て e-Tax を利用する場合において、e-Tax の ID・パスワード（PW）
の入力を不要とした。また、マイナンバーカード及び IC カードリー
ダライタの未取得者を念頭に、厳格な本人確認に基づき税務署長が
通知した ID・PW のみによる e-Tax の利用を可能とした。（2019年
1月実施）

e-Tax の利用者を拡大するため、IC カードリーダが不要な ID・パスワード（PW）のみによる認証を認めるとともに、電子証明書利用者の利便性にも配慮しています。

イ　添付書類の撤廃
● 　会計業務決裁基盤の構築
　官庁会計システム及び同システムと連携する各府省の業務システムで利用可能な電子決裁基盤を構築し、現在紙で運用している会計業務の決裁について電子化を実現する。
　併せて、支出負担行為、支出決定等の会計事務に係る決議書及び決議書の添付書類についても電子的に管理することで、会計業務に関するデータをシームレスに連携・管理できるようにする。これにより、会計検査院への証拠書類の提出についても電子化を図る。
　また、行政文書ファイル管理簿に関する書誌情報を文書管理システムに情報連携できるように総務省と調整する。（2021年度を目途に電子決裁基盤を構築）
● 　会計業務にかかる証拠書類の電子化
　支出負担行為、支出決定等にかかる決議等の業務（年間約1,150万件）や、民間事業者等との契約書、請求書等、会計検査院に紙媒体で提出をしている証拠書類（年間約4,400万枚）について、2021年度を目途に電子的に提出・保管管理できる仕組みを構築する。その上で、原本データに紐づくメタデータで官庁会計システム及び各府省の業務で活用できるようするとともに、会計検査院側でも同じデータを活用できるようにする。

　財務省内部の会計業務に関しても添付書類の撤廃が徹底されています。それと同時に民間企業との契約書や請求書なども電子化されます。

ウ　オンライン化の徹底

①手続きオンライン化検討

● 　消費税免税販売手続等の電子化

　外国人旅行者の利便性向上及び免税販売手続の効率化の観点から、消費税免税販売手続等（購入記録票の提出等）を電子化するため、国税庁で免税店事業者等から免税販売データを受信・管理するシステムを開発する（2020年4月以降実施予定）。

　併せて、国税庁は免税店事業者等が免税販売データを送信するシステムを開発できるように API を提供する。

● 　国税還付金支払手続のオンライン化の徹底

　税務署における書面による国税還付金支払の手続きについて、現状、税務署・日本銀行代理店間で一部書面により行っている手続があるところ、当該手続について国税庁・日本銀行本店間のデータ送受信による処理を可能とすることで、さらなる事務の効率化を図る。（2020年6月以降実施予定）

● 　国庫金支払い等への金融 EDI の活用等

　全銀 EDI システムが2018年12月より稼働しており、これにより、銀行間決済情報に商流情報が付与できることとなったため、今後順次民間事業者においてシステム改修により金融EDI情報の活用が進展すれば、紙の請求書や手作業による入金確認が電子化・自動化される予定である。民間事業者間の対応状況や活用状況等を踏まえ、官庁会計システムにおいて国庫金の支払い情報を金融EDIに対応させる（実現時期については、次期官庁会計システム稼働開始後の2022年度に、金融 EDI の活用状況や関係諸機関の準備状況等を踏まえ決定する）。また、民間事業者や金融 EDI でカバーされない個人等への振込通知や納入告知書についても、電子的に通知できる仕組みを構築すべく検討する。

● 石油ガス税・揮発油税及び地方揮発油税の電子申告対応

　石油ガス税・揮発油税及び地方揮発油税の申告について、提出方法の多様化による納税者利便の向上及び行政事務の効率化を図るため、e-Taxによる提出を可能とする（2020年6月実施予定）。

● マイナポータル等を活用した手続の更なる簡便化

　雇用者の事務負担を軽減し、被用者の利便性を向上させる観点から、被用者が年末調整に必要な情報をマイナポータル経由で自動入手し、そのデータが国税庁が整備する「年末調整控除申告書作成用ソフトウェア」等で作成する年末調整に係る保険料控除申告書等の所定の項目に自動入力され、雇用者へ電磁的に提出可能となる仕組みを構築する。（2020年10月実施予定）

　また、納税者が確定申告に必要な情報をマイナポータル経由で自動入手し、そのデータが確定申告書等作成コーナー等で作成する確定告書の所定の項目に自動入力され、e-Taxに送信が可能となる仕組みを構築する。（2021年1月実施予定）

　消費税免税販売手続等の電子化、国税還付金支払手続のオンライン化徹底、国庫金の支払いの金融EDI対応、石油ガス税・揮発油税および地方揮発油税の電子申告対応が計画されています。

　それとともに、マイナポータルを活用して企業側の事務が効率化される計画も提示されています。従業員が年末調整に必要な情報をマイナポータル経由で入手し、「年末調整控除申告書作成用ソフトウェア」（国税庁が整備）で年末調整の控除申告書を作成し、雇用者へ電子的に提出する仕組みが構築される（2020年10月）予定です。これが実現できれば、企業における年末調整事務の負担も軽減できるでしょう。

② オンライン実施中の手続の利便性向上

● 確定申告のスマートフォン対応

　国税庁ホームページの「確定申告書等作成コーナー」において、利用者数の多い一般的な給与所得者の医療費控除やふるさと納税等による還付申告を対象にスマートフォン専用画面を開発し、スマートフォンで申告書の作成から電子提出までの手続が完結する仕組みを導入した。(2019年1月実施)。

● 法人の申告手続の電子化促進

　法人が法人税等に係る申告データを円滑に電子提出できるよう環境整備を進める観点から、提出情報等のスリム化、データ形式の柔軟化、提出方法の拡充、提出先の一元化(ワンスオンリー化)、認証手続の簡便化等の見直しを行う。(2020年4月までの間に順次実施)

　併せて、大法人(資本金の額等が1億円を超える内国法人等)について、法人税等の電子申告を義務化する。(2020年4月以後に開始する事業年度(課税期間)から適用)

● QRコードを利用したコンビニ納付(納付手段の拡充)

　自宅等において納付に必要な情報(税目や税額など)をいわゆる「QRコード」として出力することによるコンビニ納付を可能とした。(2019年1月実施)

　確定申告のスマホ対応とQRコードによるコンビニ納付はすでに実施されており、さらに前述したように法人の申告手続の電子化が推進されていきます。

③ 法令上オンライン化が認められていない民―民手続きの見直し

● 年末調整手続の電子化

　源泉徴収義務者(雇用者)の事務負担を軽減し、給与所得者(被

用者）の利便性を向上させる観点から、書面で源泉徴収義務者に提出されている生命保険料控除証明書等の年末調整関係書類について、電子提出を可能とする。

　併せて、国税庁において、給与所得者が、関係機関から電子的に交付された控除証明書等を用い簡便・正確に控除申告書を作成し、源泉徴収義務者に対し電子提出することを支援する「年末調整控除申告書作成用ソフトウェア」を整備する。（2020年10月実施予定）

　民―民手続きについても見直しが計画されており、前述した年末調整関係における生命保険料控除証明書等の電子提出、「年末調整控除申告書作成用ソフトウェア」の整備が盛り込まれています。

④　最新技術の活用
● 　税務相談における ICT や AI 技術の活用
　税務相談について、利用者の利便性の向上が図られるよう、ICT や AI 技術を活用して、チャットボットなど時間の制約なく利用できる相談チャネルと相談内容に応じた回答ができる仕組みを導入する。（2020年 1 月試行実施予定）

　最近、AI 活用事例として相談事務におけるチャットボットなどが注目を集めていますが、税務相談についてもこのような仕組みが導入されていきます。2020年 1 月15日から 3 月31日まで「税務相談チャットボット」が試験導入され、国税庁ホームページから利用できるようになっていました。この結果を踏まえて改善や本格運用が始まっていきます。

エ　ワンストップサービス推進への協力
● 　法人設立手続オンライン・ワンストップ化への対応
　他省庁による登記後の手続のワンストップ化（2019年度）と定款認証及び設立登記を含めた全手続のワンストップ化（2020年度）を実現するため、下記を実施する。
　　　・マイナポータルを利用した場合のe-Taxの電子署名等の省略（2019年度）
　　　・マイナポータルを利用した法人番号の指定・通知が可能とする法人番号システムの改修（2020年度）
● 　企業が行う従業員の社会保険・税手続のオンライン・ワンストップ化等への対応
　従業員の採用、退職等のライフイベントに伴う社会保険・税手続等については、企業の負担軽減・生産性向上等を図る観点から、対象となる国税関係手続のオンライン・ワンストップ化等を実現する。

　法人設立登記を含めた全手続きのワンストップ化、採用・退職等のワンストップ化に対しても取組みが行われていきます。
　法人設立後の手続きについては、法人設立ワンストップサービス（https://app.e-oss.myna.go.jp/Application/ecOssTop）が2020年 1 月20日に開始されました。今回サービスが開始されたのは「国税・地方税に関する設立届」や「雇用に関する届出（年金事務所・ハローワーク）」など、法人設立後に必要な行政手続であり、定款認証・設立登記の手続きについては2021年 2 月から開始される予定です。
　以上のほか、個別サービス改革として「相続税申告の電子申告対応」が挙げられており、下記の 2 つの項目が計画されています。
・相続税の申告について、提出方法の多様化による納税者利便の向上および行政事務の効率化を図るため、e-Tax による提出を可能

とする（2019年10月実施済）。

・その後、相続税の申告書のe-Tax受付状況や申告義務者等のニーズ等を踏まえ、対象となる帳票の拡大、添付書類の提出方法の拡充などを段階的に検討していく。

4　社会保険に関するデジタル・ガバメント計画の動向

税と同様に、社会保険の手続きに関しても厚生労働省がデジタル・ガバメント計画を策定しています。「厚生労働省デジタル・ガバメント中長期計画」（2018年6月25日、2019年5月27日改定）でその内容を要約しながら確認してみます。

ア　手続等の制度の見直し

(ア)　手続件数が極めて少ない手続の見直し

　行政手続きの棚卸しの結果、厚生労働省が所管する手続のうち、年間の手続件数が0件である手続は1,258手続となっている。引き続き、手続を規定する必要性を精査し、不要な手続を廃止していく。

(イ)　住所変更手続の見直し

　住所変更手続に関しては、実行計画上、行政手続等の棚卸しを通じて関連手続の洗い出しを行った上で、手続自体の廃止を検討することとなっている。厚生労働省においても、内閣官房を含む関係府省と連携し、着実な実施を図っていく。

(ウ)　本人確認手法の見直し

　厚生労働省においても、制度の趣旨や中長期的な継続性、関連する法令上の制約等にも留意しつつ、利用者の視点に立って、利便性と安全性のバランスを図りつつ、サービス全体における利用者の利便性の向上と業務の効率化の実現に向けて、本人確認手法の見直しを進めていく。

少ない手続きについては手続きの必要性を再検討するとともに、住所変更手続の廃止や本人確認方法見直しの検討をしていくことになっています。なおデジタル・ガバメント閣僚会議（2019年6月4日）で報告された「厚生労働省デジタル・ガバメント中長期計画フォローアップ」（以下、「フォローアップ」）によれば、本人確認について「社会保険の採用・退職時の手続について、2020年4月から法人共通認証基盤と連携したマイナポータルを活用したID・パスワード方式の導入を目指している」と記載されています。

イ　添付書類の撤廃

　厚生労働省における添付書類の撤廃を推進する。具体的には、①各手続において提出を義務付けている添付書類について、その必要性を精査し、可能な限り、その提出を不要とするとともに、②政府全体の方針に沿って、行政機関間の情報連携を積極的に活用し、添付書類に関連する情報を取得することによって、添付書類の省略を推進する。

　具体的な書類名称については不明ですが、政府方針に従って添付書類の省略を推進していくことになっています。なお「フォローアップ」によれば、厚生年金保険の手続きにおける資格喪失届及び被保険者報酬月額変更届について、賃金台帳・出勤簿の提出を不要とした（2019年3月29日通知発出）という成果が報告されています。

ウ　オンライン化の徹底

⑦　手続のオンライン化の検討

　厚生労働省においては、8,398手続を所管しており、うち、1,794手続のオンライン利用が可能。オンライン利用が可能となっていない手続については、デジタルファーストの原則に基づき、具体的な

オンライン化の手法について検討する。

　この他、コネクテッド・ワンストップの推進に向けた具体的な取組の第一歩として、介護ワンストップサービスについて、関連府省と連携しつつ取組を進め、得られたノウハウや成果を他の分野に展開していく。

㈑　オンライン実施中の手続の利便性の向上

①　オンライン申請の義務化

　事業者からの社会保険・労働保険関係の申請・届出において、大法人の事業所については、社会保険労務士等による代理申請の場合を含め、原則、書面及び CD・DVD による申請は選択できないこととし、オンライン申請を義務化する。

・優先的に着手する一定の社会保険・労働保険関係手続についてオンライン申請の義務化（2020年4月1日以後に開始する大法人の事業所の事業年度又は年度から実施）

㈒　法令上オンライン化が認められていない民―民手続の見直し

　今後は、民―民手続におけるオンライン化の推進を図るため、民間のニーズも踏まえながら、対応可能な手続がある場合には当該手続について、オンライン手続を認めていない阻害要因の類型に応じ、法令上の措置（緩和）のほか、「民―民手続のデジタル化取組事例」等に即して、書面に代えて、オンラインでの手続を認める方向で展開していく。

　「フォローアップ」によれば、大法人の事業所が年金事務所に提出する健康保険・厚生年金保険被保険者報酬月額算定基礎届、健康保険・厚生年金保険被保険者報酬月額変更届および健康保険・厚生年金保険被保険者賞与支払届について、2020年4月以降に開始する事業年度から、原則電子申請が義務化されました（省令の改正は2018年12月28日公布）。

また、大法人の事業所が都道府県労働局に提出する労働保険概算・増加概算・確定保険料申告書、石綿健康被害救済法一般拠出金申告書や、大法人の事業所がハローワークに提出する雇用保険被保険者資格取得届、雇用保険被保険者資格喪失届、雇用保険被保険者転勤届、高年齢雇用継続給付（基本給付金）の支給申請書、育児休業給付金の支給申請書についても、2020年4月以降に開始する事業年度から、原則電子申請が義務化されることになりました（省令の改正はいずれも2019年3月8日公布）。

　上記枠内に挙げた以外にも、個別サービス改革が挙げられており、社会保険・労働保険関係の電子申請の利用促進として、e-Govの外部連携APIに対応した民間の人事・給与等管理ソフトウェアを活用した利用促進などが盛り込まれています。

　そのほか、公的年金関連サービスのデジタル化、ハローワークサービスの充実、介護ワンストップサービスについてサービスの向上が掲げられています。

5　法人デジタルプラットフォームの整備とGビズID

　経済産業省では、事業者が行政手続を行う際に簡便に実施できるよう法人デジタルプラットフォームを整備しています。前述したGビズIDもその一つで、法人デジタルプラットフォームとして下記の5つのサービスが運用中又は実証予定となっています。

● 　法人デジタルプラットフォーム
・法人インフォメーション（法人インフォ）：運用中
・Gビズ ID（法人共通認証基盤）：運用中
・jGrants（補助金システム）：2019年度中、中小企業向け補助金で
　利用開始、2020年4月、各省・有志自治体での導入目指す
・ミラサポプラス（中小企業支援プラットフォーム）：2019年度

・法人データ交換基盤：2019年度実証予定

　現在運用されているサービスとして、法人インフォメーションがあります。これは政府が保有する情報をオープンデータとして活用しようというものです。

　実際に、法人インフォメーションで法人番号を入力すると、**図表5-30**のように法人基本情報（3情報および3情報以外の情報）、勤務実態に関する情報、法人活動情報（補助金情報、表彰情報、届出・

■**図表5-29　法人インフォメーション**

法人インフォメーション（法人情報のオープンデータ化） https://hojin-info.go.jp/hojin/toppage

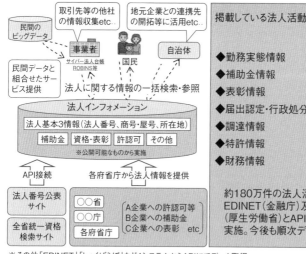

● 政府が保有する法人情報の利用促進に向け、法人番号を共通コードとするオープンデータサイトとして、平成29年1月に運用開始。

● 各府省庁のHP等で公表されている法人活動情報（補助金・委託契約の実績、一部の許認可・表彰等情報）について各府省に提供を依頼、法人番号の付番・データ構造の共通化をして掲載。

掲載している法人活動情報数（2019.08.04現在）

◆勤務実態情報	…約	37,000件
◆補助金情報	…約	316,000件
◆表彰情報	…約	55,000件
◆届出認定・行政処分情報	…約	132,000件
◆調達情報	…約	165,000件
◆特許情報	…約	1,092,000件
◆財務情報	…約	4,000件

約180万件の法人活動情報を掲載。昨年度EDINET（金融庁）及び職場情報総合サイト（厚生労働省）とAPI連携によりデータ取得を実施。今後も順次データ拡充を図っていく。

※その他「EDINET」「しょくばらぼ」など4システムからAPIにてデータ取得。

（出典）経済産業省「経済産業省における法人活動環境の整備」（2019年9月）

■ 図表5-30　法人インフォメーションの画面（法人プロフィール）

（出典）経済産業省 HP「法人インフォ」

認定情報、調達情報、特許情報、財務情報）、出典元情報が表示され
ます。

　もう一つ運用に入っているシステムとしてGビズIDがあります。
これは、経済産業省がデジタル手続法の「ワンスオンリー」を実現
するため、一つのID/パスワードで複数の行政サービスにアクセス
できる認証システムとして整備した「法人共通認証基盤」であり、
そのサービス名称が「Gビズ ID」です。このサービスでは法人版マ
イナンバーである法人番号を活用することになっており、まず経産
省の主要な法人向け手続きの簡素化・デジタル化を実施し、政府の
手続き全体に拡大していく予定です。

　事業者にとって、複数のID/パスワードを管理することは非常に
煩雑であり、1つのID/パスワードで手続きができることで官民双
方の手続きに要する時間やコストが削減されると期待されていま
す。そのイメージを図表5-31に示します。

《法人共通認証基盤のイメージ》

（出典）経済産業省「法人共通認証基盤の構築状況等について」（2018年11月5日）

■図表5-32　Gビズ ID と法人デジタルプラットフォーム（各サービス）との
　　　　　　関係

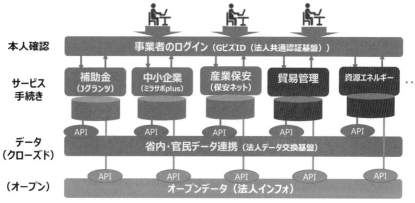

（出典）経済産業省「経済産業省における法人活動環境の整備」（2019年9月）

　　また、GビズIDと法人デジタルプラットフォームの各サービス
との関係を**図表5-32**に示します。GビズIDで認証を行い、ここか
ら jGrants（補助金システム）、ミラサポプラスなどの各システムに
アクセスすることができます。なお、法人インフォメーション（法
人インフォ）はオープンなデータベースなので、アクセスするのに
認証は不要です。さらに、今後運用に入っていく各サービスのイ
メージについても**図表5-33～35**に示しておきます。

■図表5-33　jGrants（補助金システム）

jGrants

> ● 補助金適正化法で定められた手続きをベースに、シンプルな機能を提供する
> ● 国民・事業者向け機能（フロント機能）と行政・執行団体向け機能（バックエンド機能）を提供

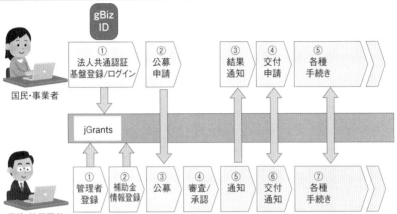

（出典）経済産業省「経済産業省における法人活動環境の整備」（2019年9月）

■図表5-34　法人データ交換基盤

法人データ交換基盤（2019年度実証予定）

> ● 添付書類撤廃・ワンスオンリーの実現、データに基づく政策の分析・立案の基盤として、法人関連のデータを連携して申請処理等に活用する、法人データ交換基盤を推進。
> ● 今年度、海外の先行事例等の調査研究を実施中。この結果を踏まえ、2019年度にプロトタイプ開発・試行運用を目指す。

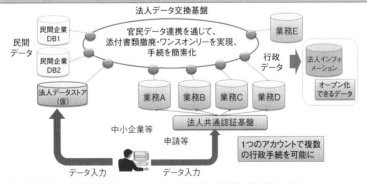

（出典）経済産業省「経済産業省における法人活動環境の整備」（2019年9月）

■ 図表 5-35　中小企業支援プラットフォーム（ミラサポプラス）

● 中小企業支援施策を事業者のニーズや事情に合わせて簡易に入手（リコメンデーション）、
共通IDで申請可能。オンライン手続き等で得られたデータを活用し、行政サービスの質の向上を実現

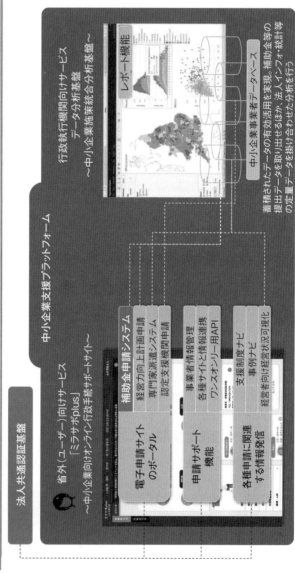

（出典）経済産業省「経済産業省における法人活動環境の整備」（2019年9月）

Gビズ ID について、G ビズ ID のサイト（https://gbiz-id.go.jp/top/index.html）を詳しく見てみましょう。G ビズ ID は 1 つのアカウントで複数の行政サービスにアクセスできる認証システムですが、アカウント体系として 3 種類のアカウントがあります。

①gBizID エントリー：オンラインで即日作成可能なアカウント

　メールアドレスを入力すると、G ビズ ID アカウント情報登録手続き URL がメールで送信され、有効期限内に必要事項（法人名、法人番号、パスワードなど）を入力することでエントリーアカウントが作成されます。このアカウントを使って ID/パスワードだけで行政手続のシステムにログインすることができます。

②gBizID プライム：印鑑証明書（個人事業主は印鑑登録証明書）と登録印鑑で押印した申請書を運用センターに郵送し、審査（原則 2 週間以内）ののち作成される法人代表者もしくは個人事業主のアカウント

　gBizID プライムはログインする際、ID/パスワードのほかにスマートフォン（又は携帯電話）が必要となります。gBizID プライムのアカウントは直接作成することもでき、また gBizID エントリーを変更して作成することもできます。ただし、このアカウントは法人代表者（又は個人事業主）以外は作成することができません。スマートフォン（又は携帯電話）はログイン時に、ID/パスワードのほかにアプリ認証（又はワンタイムパスワード認証）を行うために使われます。

③gBizID メンバー：組織の従業員用のアカウントとして、gBizID プライムの利用者が自身のマイページで作成するアカウント

　gBizID メンバーは、gBizID プライムと同様、ID/パスワードのほかにスマートフォン（又は携帯電話）が必要となります。gBizID メンバーのアカウントを作成するには、gBizID プライムを作成してい

ることが前提です。ただし、gBizIDプライムのような書類審査は不要です。

　3種類のアカウントについてわかりやすく整理したものが**図表5-36**です。行政手続において、本人確認が不要な手続きについてはgBizIDエントリーでも手続きが可能ですが、本人確認が必要な手続きについてはgBizIDプライム（又はgBizIDメンバー）のアカウントが必要になります。

　GビズIDのアカウントを登録するには、**図表5-37**にあるものが必要となります。詳しくはGビズIDのサイトをご覧ください。

■**図表5-36　GビズIDの3つのアカウント**

アカウント種別	発行方法	ログイン方法	スマートフォン又は携帯電話
gBizIDエントリー	審査を行わずオンラインで発行	ID/パスワードを用いた単要素認証	不要
gBizIDプライム	審査を行い発行	ID/パスワードに加え、所有物認証による二要素認証	必要
gBizIDメンバー	（組織の従業員等用として）gBizIDプライムが発行	ID/パスワードに加え、所有物認証による二要素認証	必要

（出典）GビズIDのホームページ「FAQ」より作成

■**図表5-37　GビズIDアカウント登録に必要なもの**

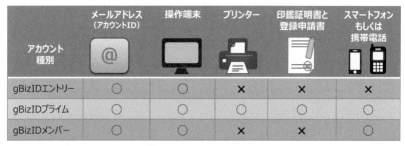

アカウント種別	メールアドレス（アカウントID）	操作端末	プリンター	印鑑証明書と登録申請書	スマートフォンもしくは携帯電話
gBizIDエントリー	○	○	×	×	×
gBizIDプライム	○	○	○	○	○
gBizIDメンバー	○	○	×	×	○

（出典）GビズIDのホームページ「GビズID クイックマニュアル gBizID エントリー編」
（https://gbiz-id.go.jp/top/manual/pdf/QuickManual_Entry_Ver1.1.pdf）

第6章
手続きのオンライン・ワンストップ

IT総合戦略本部の新戦略推進専門調査会デジタル・ガバメント分科会や各府省情報化統括責任者連絡会議（以下、CIO連絡会議）では、デジタル手続法以前から社会保険・税におけるオンライン・ワンストップ化、引越しワンストップサービス、死亡・相続ワンストップサービスについて議論を行ってきました。

　例えば、社会保険・税のワンストップについては、「企業が行う従業員の社会保険・税手続のオンライン・ワンストップ化等の推進に係る課題の中間整理」（2018年10月19日、内閣官房情報通信技術（IT）総合戦略室）でその施策の方針や課題が整理されています。

　引越しワンストップサービスと死亡・相続ワンストップサービスについては、「デジタル・ガバメント実行計画」（2018年1月、eガバメント閣僚会議決定）で施策登録され、ステークホルダーなどが参加したサービスデザインワークショップの開催（3月）、新戦略推進専門調査会・電子行政分科会（3月）での課題整理などを経て、その後ワークショップや議論が繰り返し行われてきています。

　デジタル手続法による3原則の後押しの下、これらの議論が具体的に進み、オンライン・ワンストップ化が実現していくと企業の実務においてどのような影響が出てくるのでしょうか。本章ではそれぞれのワンストップ化について、下記の資料をもとにその具体的な内容および今後の動きについて見ていくことにします。

・社会保険・税：「企業が行う従業員の社会保険・税手続のオンライン・ワンストップ化等の推進に係る課題の最終整理」（2019年4月18日、各府省情報化統括責任者（CIO）連絡会議決定）
・引越し：「引越しワンストップサービス実現に向けた方策のとりまとめ」（2019年4月18日、各府省情報化統括責任者（CIO）連絡会議決定）
・死亡・相続：「死亡・相続ワンストップサービス実現に向けた方策のとりまとめ2018」（2019年4月18日、各府省情報化統括責任者

1 オンライン・ワンストップの 問題意識と施策の背景

　オンライン・ワンストップ化が議論される背景には、単に社会の中でITを活用するという局面から、デジタルを前提に社会そのものが変化しつつあるという認識があります。これは第2章でも触れたデジタル・トランスフォーメーション、つまりビジネスや組織そのものが変わるという世界的な潮流です。

　ところが、わが国の行政手続を見ると、それぞれの企業や組織においてはデータを電子的に管理しているにもかかわらず、申請・届出の手続きでは紙に出力して提出し、行政側では再度紙からデータ入力をするという、デジタルデータが一貫して流通しないという旧態依然とした手続きの流れになっています。

　例えば、**図表6−1**は市町村における個人住民税課税の元データ（2018年度）を調べたものです。税務署や日本年金機構から送付される確定申告書の写しや年金支払報告書は100％電子化されていますが、民間企業から送付される給与支払報告書は電子化が進んでいるところで70％、そうではないところでは40％しか電子化されていません。

　現在では中小企業などでも、ほとんどがパソコンを使って給与計算していると思われますが、それを紙にプリントアウトして送付していては行政の効率化につながりません。市町村では課税処理のために、紙の給与支払報告書からデータ入力して電子化しなければならないからです。

　また、報告書にマイナンバーが記載されていないと、従業員と住

■図表6-1　個人住民税の課税元データ(電子化およびマイナンバー記載率)

情報源	調査自治体	情報媒体		マイナンバー記載率		
		電子（%）	紙（%）	電子（%）	紙（%）	（電子＋紙）（%）
税務署	A市	100	0	30〜40	—	30〜40
	B市	100	0	50	—	50
	C市	100	0	60	—	60
日本年金機構	A市	100	0	0	—	0
	B市	100	0	0	—	0
	C市	100	0	不明	—	0
民間企業	A市	70	30	50	20	41
	B市	60	40	60	10〜20	40〜44
	C市	40	60	50（電子・紙合わせて）		20

人口：A市（約14万人）、B市（約5万人）、C市（約13万人）

民をマイナンバーで自動マッチングするという業務プロセスの改革
もできません。紙の場合には10〜20%くらいしかマイナンバーが記
載されておらず、電子化とともにマイナンバー記載の比率を向上さ
せることが急務となっています。調査時点では給与支払報告書が
1,000枚以上の場合に企業に電子データの提出が義務付けられてい
ましたが、今後は100枚以上に基準が引き下げられる予定です。

　このような問題意識はデジタル手続法のデジタルファースト、つ
まり「一連の行程が情報通信技術を利用して行われるようにするこ
と」と合致しています。そして、「世界最先端デジタル国家創造宣
言・官民データ活用推進基本計画」（2018年6月15日閣議決定）にお
いて、デジタル化3原則（デジタルファースト、ワンスオンリー、
コネクテッド・ワンストップ）に沿って業務改革を徹底することが
掲げられ、具体策として「企業が行う従業員の社会保険・税手続の
ワンストップ化・ワンスオンリー化の推進」と「死亡・相続、引越
し等のワンストップ化の推進」が明記されていることから、これら
のオンライン・ワンストップ化が議論され始めました。

2 社会保険・税のオンライン・ワンストップ

　それではなぜ、社会保険・税なのでしょうか。企業が従業員に関して行う手続きにおいて、社会保険・税の申請等についてはオンライン化されていない手続きがあるだけでなく、オンライン化されていても社会保険関係が e-Gov、国税関係が e-Tax、地方税関係が eLTAX とそれぞれが独立し、バックオフィス連携も十分にできていないという状況にあります。そのためワンスオンリーの原則に反し、複数の手続きを行うにあたり、同じ情報を何回も提出しなければならない事態に陥っているからです。

　そこで、従業員のライフイベントに伴う社会保険・税手続のオンライン・ワンストップ化を推進するとともに、同じ情報を何回も提出せずに済むよう企業が業務上で保有する情報（以下、「企業保有情報」といいます）の提出方法について新しい仕組みを検討することになりました。例えば、特定の民間クラウドサービスに企業保有情報を格納しておけば、企業は手続きのたびに情報を提出することなく、行政はこの情報を参照することで手続きを進めていくことができます。

　もちろん、このような仕組みを構築するためには、利用者視点に立った BPR（業務プロセスの改革）を徹底するとともに、手続きにおける活用方法や法的な検討も必要となってきます。そこで、2020年度に手続きのオンライン・ワンストップ化の開始を目指すと同時に、企業保有情報に関するシステム構築計画に取り組むこととなりました。ここでオンライン・ワンストップ化とは、「一つのオンライン申請等の窓口から複数の手続・サービスを一括して受け付け、申請等がデジタルのみで完結されるようにすること」と定義されてい

ます。

　実現に向けては次の2つのフェーズで考えられており、次項から
その詳細を見ていくことにします。

**■フェーズ1：従業員のライフイベントに伴う社会保険・税手続の
オンライン・ワンストップ化**

① 　企業はソフトウェアベンダや民間クラウドサービス事業者等の
　Webサービス等を利用して、ライフイベントに関わる複数の申
　請等に必要なデータを作成し、そのデータを従業員のマイナ
　ポータルへ一括で送信します。この時、従業員のマイナポータ
　ルのアカウントは利用せず、マイナポータルのAPI[*1]を利用
　し、複数手続の共通データ項目については一度の入力で済むよ
　うにします。

② 　データを受け取ったマイナポータルは、申請等データから手続
　きごとにデータを生成し、各行政機関等システムにそのデータ
　を送信します。

■フェーズ2：企業保有情報に関するシステム構築計画

　また、企業保有情報に関するシステム構築計画では、企業がクラ
ウド上に提出データを格納し、このデータへのアクセス権を行政機
関に付与することで、行政機関等がこのデータを参照しながら業務
を行うことが考えられています。

1　オンライン・ワンストップ化

　オンライン・ワンストップのイメージを**図表6-2**に示します。書
面での提出や個々の申請システムなど、特に企業の負担が大きいと
考えられる従業員のライフイベントに伴う社会保険・税手続を対象
に、マイナポータルへ窓口を一本化してオンライン・ワンストップ

[*1]　Application Programming Interfaceの略で、プログラムの機能を他のプログラムでも利用で
　きるようにするための規約。

■図表6-2 社会保険・税手続の現状とオンライン・ワンストップの実現イメージ

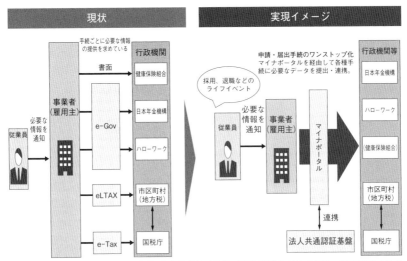

（出典）内閣官房情報通信技術（IT）総合戦略室「企業が行う従業員の社会保険・税手続のオンライン・ワンストップ化等の推進」（2019年4月）

化を実現する計画です。電子申請システムの開発を容易にするため、マイナポータルのAPIを利用して手続きを行うことを想定しており、企業の業務やシステム開発の負担が軽減できると考えられています。

　また、申請の時期が近接する複数の手続きについて、重複入力をせずにデータ作成やオンライン申請ができるよう、マイナポータルでそのためのAPIを提供することも考えられています。

　さらに、システム開発の観点からは、以下の対応について政府が検討しています。そのほか、手続きによってはクラウドからオンライン申請を行うことも想定されています。

・サービス事業者が、マイナポータルのAPIを利用して、申請等のサービスを提供することを可能とする。

・マイナポータルにおいては、経済産業省が実施している法人共通

認証基盤（Ｇビズ ID）と2020年４月から連携する。
・システムの構築にあたっては、法人設立手続のオンライン・ワンストップ化における法人登記完了後の年金事務所や税務署等への申請等のワンストップ化が2019年度中に実施される予定（2020年１月に開始）であるが、システムとして共通部分が多いと想定されるため、この施策で構築したシステムを拡張することとする。

　オンライン・ワンストップ化における対象手続については、政府は次のような考え方と対象手続案を示しています。

　対象となる手続きについては、以下の３つを満たすものを選定し、決定する。

・社会保険（年金保険、健康保険および雇用保険）および税務に関する手続（注１）

・従業員のライフイベント（注２）に伴い必要となる手続き

・根拠法令において、企業が手続主体として定められている手続き、又は従業員等個人が企業を経由して行うこととされている手続き

（注１）採用・退職等において、同一行政機関等に対して行うこととなっている社会保険以外の一部手続を含む。

（注２）例えば、採用・退職（死亡退職を含む）・出産・育児・介護・氏名変更・住所変更が該当する。

---

(1)　オンライン・ワンストップ化の対象手続案一覧

　この考え方に基づいて整理したものが、**図表6-3**の「オンライン・ワンストップ化の対象手続案一覧」です。まだ決定ではありませんが、これをもとに検討されていくことになります。また、「マイ

■ **図表6-3　オンライン・ワンストップ化対象手続案一覧**

項番	手続名	手続区別	ライフイベント
1	健康保険 厚生年金保険 被保険者資格取得届/70歳以上被用者該当届	社会保険	採用
2	船員保険 厚生年金保険 被保険者資格取得届/70歳以上被用者該当届	社会保険	採用
3	健康保険 被扶養者（異動）届/国民年金 第3号被保険者関係届	社会保険	採用・氏名変更
4	船員保険 被扶養者（異動）届	社会保険	採用・氏名変更
5	健康保険 厚生年金保険 新規適用届	社会保険	採用
6	船員保険 厚生年金保険 新規適用船舶所有者届	社会保険	採用
7	健康保険 厚生年金保険 任意適用申請書	社会保険	採用
8	健康保険 厚生年金保険 一括適用承認申請書	社会保険	採用
9	厚生年金保険 被保険者種別変更届	社会保険	採用
10	厚生年金保険 高齢任意加入者被保険者資格取得申出書	社会保険	採用
11	高齢任意加入被保険者に係る事業主同意（同意撤回）届	社会保険	採用
12	雇用保険 被保険者資格取得届	社会保険	採用
13	雇用保険 適用事業所設置届	社会保険	採用
14	雇用保険 高年齢雇用継続給付受給資格確認票・（初回）高年齢雇用継続給付支給申請書	社会保険	採用
15	雇用保険 高年齢雇用継続給付支給申請書 ※2回目以降分	社会保険	※1
16	雇用保険 六十歳到達時等賃金証明書	社会保険	採用
17	外国人雇用状況届書	社会保険関連	採用・退職
18	給与支払事務所等の開設・移転・廃止の届出書	税	採用
19	源泉所得税の納期の特例の承認に関する申請書	税	採用
20	青色事業専従者給与に関する届出	税	採用
21	事前確定届出給与に関する届出書	税	採用
22	特別徴収切替届出書	税	採用
23	健康保険 厚生年金保険 被保険者資格喪失届/70歳以上被用者不該当届	社会保険	退職
24	船員保険 厚生年金保険 被保険者資格喪失届	社会保険	退職
25	健康保険 厚生年金保険 適用事業所全喪届	社会保険	退職
26	船員保険 厚生年金保険 不適用船舶所有者届	社会保険	退職

（次頁に続く）

27	健康保険 厚生年金保険任意適用取消申請書	社会保険	退職
28	雇用保険 被保険者資格喪失届	社会保険	退職
29	雇用保険 被保険者離職証明書	社会保険	退職
30	雇用保険 適用事業所廃止届	社会保険	退職
31	個人事業の開業・廃業等届出（所得税）	税	退職
32	給与所得の源泉徴収票（同合計表）	税	退職
33	退職所得の源泉徴収票（同合計表）	税	退職
34	事業廃止届出	税	退職
35	退職手当金等受給者別支払調書（同合計表）	税	退職
36	特別徴収に係る給与所得者異動届出書	税	退職
37	給与支払報告に係る給与所得者異動届出書	税	退職
38	特別徴収票	税	退職
39	給与支払報告書	税	退職
40	退職所得等の分離課税に係る納入申告書	税	退職
41	健康保険 厚生年金保険 産前産後休業取得者申出書/変更（終了）届	社会保険	出産
42	船員保険 厚生年金保険 産前産後休業取得者申出書/変更（終了）届	社会保険	出産
43	健康保険 被扶養者異動届	社会保険	出産
44	船員保険 被扶養者（異動）届	社会保険	出産
45	健康保険 厚生年金保険 産前産後休業終了時報酬月額変更届・厚生年金保険70歳以上被用者産前産後休業終了時報酬月額相当額変更届	社会保険	出産
46	船員保険 厚生年金保険 産前産後休業終了時報酬月額変更届	社会保険	出産
47	船員保険 70歳以上被用者産前産後休業終了時報酬月額変更届	社会保険	出産
48	厚生年金保険 養育期間標準報酬月額特例申出書・終了書	社会保険	育児
49	健康保険 厚生年金保険 育児休業等取得者申出書（新規・延長）/終了届	社会保険	育児
50	船員保険 厚生年金保険 育児休業等取得者申出書（新規・延長）	社会保険	育児
51	船員保険 厚生年金保険 育児休業等取得者終了届	社会保険	育児
52	健康保険 厚生年金保険 育児休業等終了時報酬月額変更届・厚生年金保険70歳以上被用者育児休業等終了時報酬月額相当額変更届	社会保険	育児
53	船員保険 厚生年金保険 育児休業等終了時報酬月額変更届	社会保険	育児
54	船員保険 70歳以上被用者育児休業等終了時報酬月額変更届	社会保険	育児
55	雇用保険 休業・所定労働時間短縮開始賃金証明書	社会保険	育児

（次頁に続く）

56	雇用保険 被保険者休業開始時賃金月額証明書	社会保険	育児
57	雇用保険 育児休業給付受給資格確認票・（初回）育児休業給付金支給申請書	社会保険	育児
58	雇用保険 育児休業給付金支給申請書 ※2回目以降	社会保険	※1
59	雇用保険 介護休業給付支給申請書	社会保険	介護
60	健康保険 厚生年金保険 被保険者氏名変更（訂正）届	社会保険	氏名変更
61	船員保険 厚生年金保険 被保険者氏名変更訂正届	社会保険	氏名変更
62	国民年金 第3号被保険者関係届	社会保険	氏名変更
63	健康保険 被保険者住所変更届	社会保険	住所変更
64	船員保険 厚生年金保険 被保険者住所変更届	社会保険	住所変更
65	国民年金第3号被保険者住所変更届	社会保険	住所変更
66	雇用保険 被保険者転勤届	社会保険	住所変更
67	介護保険 適用除外等該当届	社会保険	住所変更

（※1）「雇用保険 高年齢雇用継続給付支給申請書」及び「雇用保険　育児休業給付金支給申請書」については、2回目以降の申請についても併せて対応できることとする。

（※2）マイナポータルのAPI経由で申請できる手続として、
「健康保険・厚生年金保険被保険者報酬月額算定基礎届/70歳以上被用者算定基礎届」
「健康保険・厚生年金保険被保険者賞与支払届/70歳以上被用者賞与支払届」
「健康保険・厚生年金保険被保険者報酬月額変更届/70歳以上被用者月額変更届」
についても対応する予定である。

（※3）2020年11月頃から順次ワンストップサービスを開始できるように取組を推進する。

（出典）各府省情報化統括責任者（CIO）連絡会議「社会保険・税手続ワンストップサービスのとりまとめ」別添（2019年4月18日）

ナポータルのAPI経由での申請」については、デジタル行政推進法4条1項の「情報システム整備計画」に位置づけられることになりました。

⑵　マイナポータルを経由した具体的な手続きの流れ

　それではマイナポータルを経由した具体的な手続きの流れについて示します。

1．マイナポータルへのデータの送信

①企業は、サービス事業者の Web サービス等において、ライフイベントに係る複数の申請等を選択する（単一手続の選択も可能）。

②企業は、選択した手続きについて、共通項目化されていない場合は、手続きごとに必要なデータ入力、共通項目化されている場合は、重複なく最小限のデータ入力を行う。

③企業がサービス事業者の Web サービス等に送信指示を出すと、当該 Web サービス等は、データを必要に応じて特定のファイル形式（例：ZIP 形式）でまとめ、マイナポータルの API を利用して送信する。その際、データの非改ざん性の担保、否認防止や盗聴防止等のため、データへの電子署名や SSL/TLS 方式による暗号化通信等の措置を講ずる。

（注）入力データは共通項目（氏名、性別、生年月日等）と個別項目（各手続の個別項目）で構成され、共通項目については各手続における重複入力をなくす。

　マイナポータルへのデータ送信についてはサービス事業者経由で行うことを想定しており、企業は複数の手続きにおいて必要なデータを一括してサービス事業者へ入力あるいは送信することで、手続きが一回で済みます。より使い勝手のよいサービス事業者が選択されることになるでしょう。

2．マイナポータルから各行政機関等システムへのデータ連携

①マイナポータルは、上記1③のデータを受領した後、共通項目と個別項目から各手続に必要なデータを抽出したうえで、手続きごとに必要なデータを生成し、各行政機関等システムに送信する。

②各行政機関等システムは、マイナポータルからデータを受領し、

後続の処理を行う。

　マイナポータルでは、受領したデータから手続きごとに必要な
データを生成し、各行政機関へ送信します。

　3．マイナポータルへの申請ステータスの確認等

①企業は、申請等の後に必要に応じ、サービス事業者の Web サービ
　ス等からマイナポータルの API を通じて、申請等を行った手続き
　のステータスの確認、補正および取下げを行うことを可能とする
　（注）。

　（注）　現状では、社会保険関係手続のみ補正および取下げが可能
　（2019年3月27日現在）。

　さらに、手続きの状況確認や補正・取下げについても、サービス
事業者経由で確認や手続きを行うことを想定しています。

(3)　検討すべき課題と検討の方向性

　オンライン・ワンストップ化にあたり、検討すべき課題とその検
討の方向性についても示されています。

　まず、対象手続で求められる情報項目、申請等の期限、添付書類
の共通化が必要となりますが、それぞれ情報項目の共通項目と個別
項目への分類、代理権者、添付書類の有無および添付書類における
確認事項等の洗い出しを行いながら、具体的なワンストップ化案を
作成する方向性です。さらに、添付書類そのものの必要性の精査、
当該添付書類に代わる情報連携、添付書類自体のデジタル化の検
討、情報項目の管理主体や管理方法、申請等の送付日時の確定など
の検討も必要となります。

　次に、本人確認について、手続きごとに必要とされる本人確認の

厳格性や情報セキュリティ要件が異なりますが、手続きごとに本人確認措置を決定し、そのうえで、個別の手続きを一度に行う際の本人確認措置については、安全性が最も高いものに合わせる方針です（例えば、電子署名が必要となる手続きが1つでも含まれる場合は、電子署名が必要となります）。

　また、マイナポータルとのAPI連携については、これまでAPIがシステムごとにばらばらで事業者の負担になっていたことに鑑み、社会保険関係、国税関係、地方税関係の対象手続については一括してマイナポータル経由で連携するためのAPIをマイナポータルが公開する方針です。そして、情報システム整備計画に開発者・利用者にとって利便性の高いAPIの整備およびわかりやすい仕様の情報提供に取り組むことが明記されました。

　APIの内容については、次のようなものが想定されています。サービス事業者はこれらのAPIを利用してシステムを構築し、各企業が使いやすいシステムを選択することで、よい意味での競争原理が働きよりよいサービスの提供ができると想定されます。

①手続情報提供API
　マイナポータル経由で申請等が可能となる手続きにつき、手続きごとの申請ファイルのフォーマット、添付書類の種別、申請等の期限、必要となる本人確認措置等を一覧化して提供する。
　併せて、手続きごとに、データ項目を共通項目と個別項目に分け、共通項目については他の手続きのどの項目と共通化しているかを一覧化して提供する。これにより、申請等データ作成の省力化を図ることが可能となる。
②申請API
　申請等データをサービス事業者のWebサービス等からマイナポータルへの送信を可能とする（マイナポータルでは、送付された

申請等データを手続きごとに分割し、各行政機関等に送信する。）。なお、申請フォーマットに電子署名が付与されている場合は、マイナポータルは電子署名の検証を行い、手続きごとの申請等データと併せて電子署名の検証結果を各行政機関等に送信する。

③ステータス照会・結果取得 API

　各行政機関等での処理状況の照会を可能とする。また、各行政機関等で手続きを処理した結果、公文書が発行された場合は、当該公文書の取得も可能とする。

④補正・取下げ API

　手続きごとに、補正・取下げを可能とする（社会保険関係手続のみ）。

⑤申請データ取得 API（行政機関等向け）

　各行政機関等がマイナポータルから申請等データの取得を可能とする（なお、画面上の操作でダウンロードする機能も別途用意する。）。

　さらに、他の施策との関係性においても課題があります。未来投資戦略等に基づいて、法人設立手続のオンライン・ワンストップ化における法人登記完了後の年金事務所や税務署等への申請等のワンストップ化が2020年1月から実施されており、また中小企業・小規模事業者の長時間労働是正・生産性向上と人材確保に関するワーキンググループで策定された「働き方改革を巡る中小企業向け対応策のアクションプラン」に基づいて、2020年4月から ID・パスワード方式により社会保険手続の申請等が可能となる予定です。オンライン・ワンストップ化はこれらの施策と整合性を図りながら推進していく必要があります。

2 企業保有情報に関するシステム構築計画

　オンライン・ワンストップ化の次のフェーズとして計画されているのが、企業保有情報に関するシステム構築計画です。企業が保有する情報をクラウドなどに格納しておき、その情報を行政が参照して使うようにすれば、手続きのたびに企業が行政に同じ情報を提出する必要はなくなる、つまりワンスオンリー化が実現します（**図表6-4**）。

　具体的には、行政手続を行う際にクラウドを用いた手続方法を採用することを企業が行政機関に申請し、行政機関がこれを承認することが前提となっています。そして、提出期限など必要なタイミングで企業が提出すべきデータをクラウドに記録し、行政機関がこのデータを参照するという方法が検討されています（**図表6-5**）。

　なお、第5章で法人インフォメーションに触れましたが、このデータベースは「政府が保有する法人情報（法人が政府より受けた補助金や表彰、許認可等の法人活動情報）」を蓄積したもので、オープンなかたちで利用促進を図るという目的で構築されたものです。ワンスオンリーの考え方は同じですが、ここでいう「企業保有情報に関するシステム」とはその内容や目的が異なるものとなっています。

　このようなシステムを構築することにより、企業における行政手続の負担が軽減されるとともに、行政機関にとっても必要な情報を随時参照できるため、情報入手のプロセスを簡素化できると期待されています。さらに、企業から行政機関に対する手続きだけでなく、行政機関から企業に対して行う処分通知等（処分の通知その他法令の規定に基づいて行政機関等が行う通知）についても活用していく予定です。

　このクラウドサービスについては、民間クラウドサービスおよび大企業のデータセンターなどが想定されており、自前で構築できる

図表6-4 現状と実現のイメージ

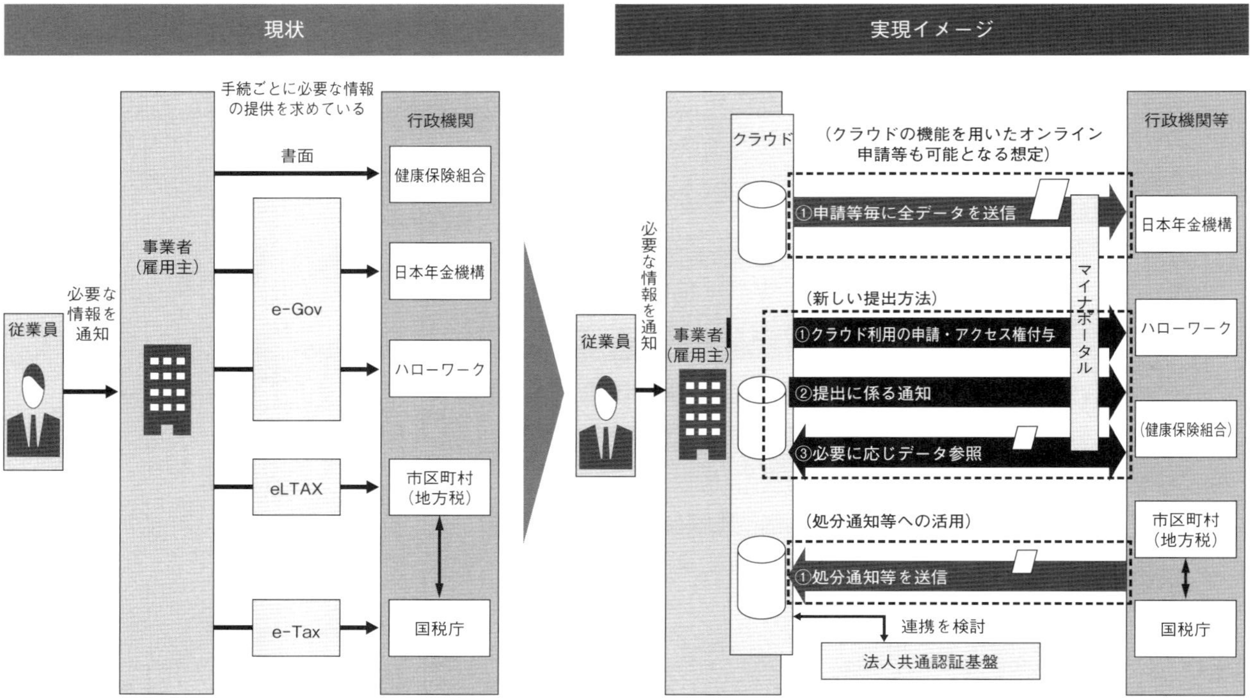

現状

手続ごとに必要な情報の提供を求められている

事業者（雇用主）

必要な情報を通知

従業員

書面

e-Gov

eLTAX

e-Tax

行政機関等
- 健康保険組合
- 日本年金機構
- ハローワーク
- 市区町村（地方税） ↔ 国税庁

実現イメージ

事業者（雇用主）

必要な情報を通知

従業員

クラウド

（クラウドの機能を用いたオンライン申請等も可能となる想定）
①申請等毎に全データを送信

［新しい提出方法］
①クラウド利用の申請・アクセス権付与
②提出に係る通知
③必要に応じデータ参照

（処分通知等への活用）
①処分通知等を送信

マイナポータル

連携を検討

法人共通認証基盤

行政機関等
- 日本年金機構
- ハローワーク
- （健康保険組合）
- 市区町村（地方税） ↔ 国税庁

（出典）内閣官房情報通信技術（IT）総合戦略室「企業が行う従業員の社会保険・税手続のオンライン・ワンストップ化等の推進」（2019年4月）

■図表6-5 実現イメージの詳細

新しい提出方法では、民間事業者から各行政機関等に対し、調書類、添付書類等を提出させることに代えて、必要なデータを提出させる場合に行政機関等が必要に応じて情報を参照し、提出に係る通知を送信し、クラウドの機能を活用したオンライン申請等も可能となる想定である（第二章参照）。

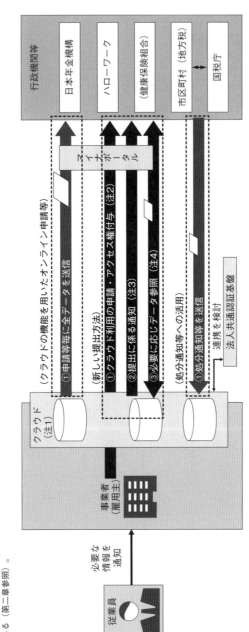

（注1）「クラウド」とは、民間クラウドサービスのほか、大企業のデータセンター等も想定するが、企業が有する企業保有情報の提出に使用できるものであり、その要件はデジタル行政推進法第6条第1項に基づく主務省令で規定することを検討する。
（注2）アクセス権付与の時期については、事前に行うことを原則としつつ、別途②提出に係る通知が送信される場合についても、法的整理を検討する。
（注3）クラウドに提出データが提出された場合、自動的に行政機関等に対して、提出に係る通知が送信される。
（注4）各行政機関等が参照・取得可能な情報は、法令に基づき提出を受けている届出書類、添付書類事項、調書類等で取得している情報の範囲内。行政機関等がクラウドから直接情報を参照・取得することをするか、マイナポータル・ワンストップを経由させる仕組みとするかという点については、今後検討していく。

（出典）「企業が行う従業員の社会保険・税手続のオンライン・ワンストップ化等の推進に係る課題の最終整理」各府省情報化統括責任者（CIO）連絡会議決定（2019年4月18日）

大企業以外の企業では民間のクラウドサービスを選択することになるでしょう。

(1) 対象手続の考え方

　対象手続については、まずは企業が通常の業務の中で極力負担感を感じることなく生成が可能なものであって、官民双方の生産性向上に寄与するものを中心に検討を進めていくという方針です。具体的には、以下のような手続きから情報システム整備計画およびデジタル行政推進法6条1項に定める主務省令[*2]で、順次「対象手続」として定めていくということです。

・行政機関等に提出が定められている資料について、併せて提出者において一定期間保存義務が課されていると解される手続き
・企業側の負担軽減効果が高い等、ニーズが高いと考えられる手続き
・提出者や国民の権利義務に直接的な影響が少ない手続き

(2) 具体的な手続きの流れ

　具体的には、以下のような手続きの流れが想定されています。

1　企業によるクラウドを用いて提出を行う旨の申請等
　企業は、対象手続についてクラウドを用いて提出を行う旨の申請等を行う。（クラウドが情報セキュリティ要件や提出データの履歴管理などの行政機関等が求める必要な要件について満たしている旨も記載）

[*2]　デジタル行政推進法6条1項
　申請等のうち当該申請等に関する他の法令の規定において書面等により行うことその他のその方法が規定されているものについては、当該法令の規定にかかわらず、主務省令で定めるところにより、主務省令で定める電子情報処理組織（…略…）を使用する方法により行うことができる。

2　行政機関等による承認

　行政機関等は、原則としてクラウドを用いて提出を行う旨を承認する。なお、行政機関等はアクセス権の付与を受け、ファイルに提出データが記録されたことを直ちに認知し、利用できることを担保しておく必要がある。

3　クラウドへの提出データの記録

　企業は、クラウド上に提出期限等の必要なタイミングで提出データを記録する。

4　提出に係る通知

　クラウドに備えられたファイルに提出データが記録された時点で、自動的にマイナポータルを通じて行政機関等にその旨が通知される。

　マイナポータルは、上記通知に対し、マイナポータル通過日時等の情報を付加する。

　各行政機関等は、当該通知を必要に応じて保存する。なお、通知と併せてデータそのものを送付することも可能にする。

5　提出データの参照

　各行政機関等は、提出データを参照する際、クラウドに直接又はマイナポータル経由で検索要求を出し、クラウドは要求に基づいた提出データを各行政機関等に直接又はマイナポータル経由で送付する。

6　提出データの訂正・取下げ等

　提出に係る通知を行った時点以後、当該提出データの訂正・削除を行う場合は、訂正・取下げに係る通知をマイナポータル経由で行政機関等に送信する。

　行政機関等において、データの追跡可能性を担保するため、クラウドについては提出データの訂正・削除履歴を保存し、当該履歴を行政機関等から参照可能としなければならないこととするなどの要件を定める。当該要件をはじめクラウドに係る要件については、主

務省令において定めることを検討する。

　この計画の実現にあたってはいくつか課題があげられています。システム面に関しては、クラウドのシステム要件、実装すべきセキュリティ要件や機能要件、適切な提出データの保存形式等について検討するとともに、できる限りの共通化・標準化が求められます。
　また、本人確認等のセキュリティについては、電子署名による担保、アクセスコントロールによる担保、通信の暗号化による担保などが課題です。さらに、提出に係る通知に含まれる情報項目、保存方法および保存期間、データ欠落時の処理・取扱いルール、審査の取扱いルール、責任分界などについても検討が必要です。
　また、法制面における検討課題についても、クラウドを利用する方法についてデジタル行政推進法との整合性をとる必要が出てきています。

(3)　今後の展開について

　企業保有情報の新しい提出方法に係るシステム構築計画では、新たにクラウドを利用して企業が提出を行う仕組みを構築するものですが、企業から行政機関等に対して行う提出のみに用いるだけでなく、行政機関等から企業に対して行う処分通知等においても活用できると想定されています。
　具体的な活用のメリットとしては、企業においては処分通知等のデータ連携が可能となるため負担軽減に繋がり、各行政機関等が標準化された方式で処分通知等を送付するため、サービス事業者のシステム開発の負荷も軽減されると考えられます。
　もちろん、すでに企業が構築している仕組みとの調整やそれ以外の仕組みを活用する場合における調整をどうするかなどの課題も残っていますが、企業にとって利便性の高い方式となるよう検討が

進められていきます。

　さらに、従業員が企業のクラウド情報を活用することも将来的には考えられます。従業員がクラウド上の企業情報をマイナポータルで活用できるようになれば、従業員の利便性の向上やさらなる企業の負担軽減が見込まれます。

　例えば、企業がクラウド上に格納した従業員の給与等の支払情報（源泉徴収票情報）を従業員自身が取得し、マイナポータル経由で確定申告手続を行えば、確定申告手続の簡便化のほか、企業も従業員に対する源泉徴収票交付を省略できるなどのメリットがあります。

　オンライン・ワンストップ化のロードマップは**図表6-6**に示すとおりです。具体的には、2020年11月頃から順次ワンストップサービスが開始されていきます。また、企業保有情報の新しい提出方法に係るシステム構築計画については、2021年度後半をめどに開始される予定となっています。

　特に、添付書類の撤廃および手続きのオンライン化については、デジタル・ガバメント実行計画の下で、関係省庁（総務省、財務省、国税庁、厚生労働省）が積極的に取り組み、手続き・サービスのデジタル完結を目指すこととしています。

　まずはオンライン・ワンストップ化に向けて取り組むとともに、企業保有情報の新しい提出方法に係るシステム構築計画を着実に推進していくという方針です。

■図表6-6　オンライン・ワンストップ化と企業保有情報に関するロードマップ

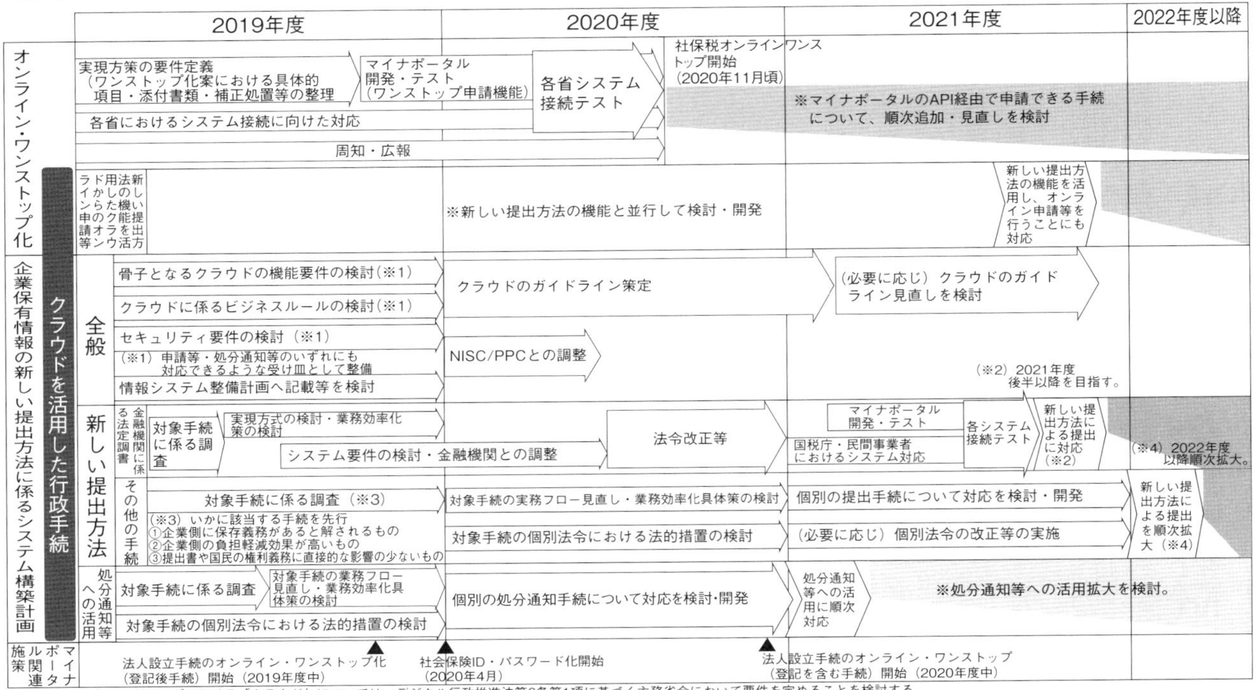

※本ロードマップにおける「クラウド」については、デジタル行政推進法第6条第1項に基づく主務省令において要件を定めることを検討する。

（出典）内閣官房情報通信技術（IT）総合戦略室「企業が行う従業員の社会保険・税手続のオンライン・ワンストップ化等の推進」（2019年４月24日）

3 引越しのワンストップ

1 引越しワンストップの問題意識と施策の背景

「引越しワンストップ」については、電子政府がスタートしてからこの20年間何度も登場したキーワードであり、実証実験も実施された経緯があります。今回の引越しワンストップとは、2018年に策定された「世界最先端デジタル国家創造宣言・官民データ活用推進基本計画」に基づくものと位置付けられ、2019年度から順次サービスが開始される予定となっています。

> 【参考】「世界最先端デジタル国家創造宣言・官民データ活用推進基本計画」（2018年6月15日閣議決定）（抜粋）
>
> 1　デジタル技術を徹底的に活用した行政サービス改革の断行
>
> (1)　行政サービスの100％デジタル化
>
> ③死亡・相続、引越し等のワンストップ化の推進
>
> 　死亡・相続や引越しに際しては、様々な行政機関や民間事業者に対して個別に手続を行う必要がある。多くの国民が利用し、生活に影響の大きいライフイベントである介護、死亡・相続及び引越しの際に必要となる諸手続のワンストップ化を推進し、手続負担の軽減を図る。介護に係る手続は平成30年度から、死亡・相続と引越しについては平成31年度から、順次サービスを開始する。

　今回の「引越しワンストップ」がこれまでと何が違うのかといえば、行政関係手続だけでなく民間の手続きを含めて引越しに伴う手続き全体を見直そうとしていること、さらに利用者を起点としてサービスデザイン思考の考え方を取り入れようとしていることだと

いえます。

2 　サービスデザイン思考とは

　サービスデザイン思考について、政府 CIO ポータルの説明を引用します。まずサービスの定義ですが、ここでは行政による「サービス」を対象とするため、「公共サービス基本法 2 条に規定する公共サービス及びそのサービスに係る業務を実施する職員等が業務を円滑に行うための仕組み」と定義されています。言い換えれば、国民のために国・自治体が国民や企業に対して行う行為ということです。

　また、「デザイン思考」とは「サービスやビジネスを構築する際に、デザイナーがデザインを行う際の進め方や考え方」を取り入れるということで、利用者中心に主観や感覚を重視するということです。そして、最初から完璧なものを目指すのではなく、まずは作って試して改善していくというやり方もその特徴です。

　このように、「サービスデザイン思考」とは「サービス」+「デザイン思考」であり、「サービスの現状における課題を、デザイン思考を用いて解決しよう」ということだと定義されています。つまり、国や自治体（提供者）の視点で手続きを設計して国民に使わせるという発想ではなく、国民が簡単に使える、使って便利だと思うような手続きを設計しようということです。

　この「サービスデザイン思考」を用いるための具体的な考え方として、「デジタル・ガバメント実行計画」（2018年 1 月16日 e ガバメント閣僚会議決定）では「サービス設計12箇条」を示しています。これまでの電子行政の取組みから得られたノウハウをベースに、サービス・業務改革（BPR）に関する近年の国際的な動向を取り入れたもので、サービスデザイン思考を具体化した指針となっているため、次に示します。また、これらについて詳細に解説した「サービスデザイン実践ガイドブック」も公表されています。

【サービス設計12箇条】

第1条　利用者のニーズから出発する

第2条　事実を詳細に把握する

第3条　エンドツーエンドで考える

第4条　全ての関係者に気を配る

第5条　サービスはシンプルにする

第6条　デジタル技術を活用し、サービスの価値を高める

第7条　利用者の日常体験に溶け込む

第8条　自分で作りすぎない

第9条　オープンにサービスを作る

第10条　何度も繰り返す

第11条　一遍にやらず、一貫してやる

第12条　システムではなくサービスを作る

3　引越しワンストップの検討と対象手続

　サービスデザイン思考によって、引越しワンストップは多様な関係者の意見を聞くだけでなく、引越しポータル事業者、引越業者、各手続きの受け手事業者、自治体、ベンダーなどを含めてワークショップを開催し、目指すべきサービス像を検討してきました。

　手続きの実態については行政機関と民間事業者の協力で実施し、手続きの中核となる引越しポータルサイトについては、知見をもつ民間事業者の参加のもと検討を進め、ワークショップは合計4回開催されました。**図表6-8**が実際に行われたワークショップの開催状況であり、画面イメージやフロー図を作成しながらサービスの議論が行われました。

　検討の対象となった具体的な手続きは、**図表6-7**のとおりです。

■図表6-7 検討対象手続の一覧

手続名	手続場所	手続期限（法令上）	関係省庁
転出届	市区町村役場	あらかじめ	総務省
転居届	市区町村役場	転居した日から14日以内	総務省
転入届	市区町村役場	転入をした日から14日以内	総務省
マイナンバーカードの住所変更	市区町村役場	変更があった日から14日以内	内閣府
印鑑登録の廃止	市区町村役場	—	総務省
印鑑登録	市区町村役場	—	総務省
国民健康保険の資格喪失	市区町村役場	資格を喪失（転出）した日から14日以内	厚生労働省
国民健康保険の資格取得	市区町村役場	資格を取得（転入）した日から14日以内	厚生労働省
国民健康保険の被保険者の住所変更	市区町村役場	住所の変更後14日以内	厚生労働省
介護保険の資格喪失	市区町村役場	資格を喪失（転出）した日から14日以内	厚生労働省
介護保険の資格取得	市区町村役場	資格を取得（転入）した日から14日以内	厚生労働省
介護保険の住所変更	市区町村役場	住所を変更した日から14日以内	厚生労働省
児童手当受給事由消滅届	市区町村役場	速やかに	内閣府
児童手当認定請求	市区町村役場	—	内閣府
児童手当の住所変更	市区町村役場	住所を変更した日から14日以内	内閣府
後期高齢者医療制度の資格喪失	市区町村役場	資格を喪失（転出）した日から14日以内	厚生労働省
後期高齢者医療制度の資格取得	市区町村役場	資格を取得（転入）した日から14日以内	厚生労働省
後期高齢者医療の被保険者の住所変更	市区町村役場	住所の変更後14日以内	厚生労働省
幼稚園・保育所・認定こども園の転園（転出）	園、市区町村役場	—	内閣府、文部科学省、厚生労働省
幼稚園・保育所・認定こども園の転園（転入）	園、市区町村役場	—	内閣府、文部科学省、厚生労働省
公立小・中学校の転校（転出）	学校、市区町村役場	—	文部科学省
公立小・中学校の転校（転入）	学校、市区町村役場	—	文部科学省
公立の高校の転校（転出）	学校	—	文部科学省
公立の高校の転校（転入）	学校	—	文部科学省
犬の登録事項変更届（転入）	市区町村役場	犬の所在地の変更後30日以内	厚生労働省
原動機付自転車（50cc以下）の住所変更（転出）	市区町村役場	転出後15日以内	総務省
原動機付自転車（50cc以下）の住所変更（転入）	市区町村役場	転入後15日以内	総務省
運転免許証の住所変更	警察署等	速やかに	国家公安委員会・警察庁
自動車保管場所証明書の申請	警察署	—	国家公安委員会・警察庁
自動車の変更登録	運輸支局等	変更があった日から15日以内	国土交通省

（次頁に続く）

3. 引越しのワンストップ　**213**

手続名	手続場所	手続期限（法令上）	関係省庁
軽自動車の自動車検査証の記載事項変更	軽自動車検査協会	変更があった日から15日以内	国土交通省
自動車税の住所変更	都道府県税事務所	―	総務省
軽自動車税の住所変更	市区町村役場	変更があった日から15日以内	総務省
電気の使用開始・停止・移転	―	―	
ガスの使用開始・停止・移転	―	―	
水道の使用開始・停止・移転	―	―	
携帯電話の住所変更	―	―	
電話回線の移転等	―	―	
インターネット回線の移転等	―	―	
プロバイダの住所変更	―	―	
銀行口座の住所変更	―	―	
証券口座の住所変更	―	―	
クレジットカードの住所変更	―	―	
生命保険の住所変更	―	―	
自動車保険の住所変更	―	―	
火災・地震保険の住所変更	―	―	
郵便の転送	―	―	
宅配便の転送	―	―	
NHKの住所変更	―	―	

（出典）「引越しワンストップサービス実現に向けた方策のとりまとめ」各府省情報化統括責任者（CIO）連絡会議決定（2019年4月18日）

■図表6-8　ワークショップの開催状況

第1回ワークショップ（2018/3/14）

- 引越しに伴う手続の現状
- ワンストップ化のソリューション（3案）
について議論

- ➤ カードの書き換えや標章の受け渡し等、物理的な作業が必要な手続もある
- ➤ 手続によって住所情報に求められる正確性や必要な時期等が異なる
等

第2回ワークショップ（2018/8/8）

- 引越しのカスタマージャーニーマップ
- 引越しポータルによる情報連携
について議論

- ➤ 手続の全体像が分からないので、コンシェルジュが必要
- ➤ 自治会の手続について、自前に情報を伝える「仮転入」の仕組みが考えられるのではないか
- ➤ 複雑な事情のない人からワンストップ化を進めるべき
等

第3回ワークショップ（行政関係手続）（2018/11/21）

第4回ワークショップ（民間関係手続）（2018/12/12）

- 行政・民間関係手続に関するサービス案
について議論

- ➤ 必要な手続の確認方法はもっとシンプルにすべき
- ➤ 自治体窓口の予約機能は簡素なものでもあるとよい
- ➤ 手続に際して、画面遷移が少ない方法のほうが利便性が高い
等

（出典）「引越しワンストップサービス実現に向けた方策のとりまとめ」各府省情報化統括責任者（CIO）連絡会議決定（2019年4月18日）

4　引越しの流れと手続き

　引越し関係の手続きとしては、自治体関係手続（転出・転入・転居の住民異動届など）、自動車関係手続（運転免許証や自動車保管場所証明など）、民間関係手続（水道・ガス・電気などのライフライン、金融機関、電話など）があります。しかし、引越しというイベントは、引越し先の住居を決めた後、引越し業者を決め、荷造りし、運送し、新居で荷解きを行うという一連の流れで構成され、手続きはあくまでそのイベントの一部でしかありません。つまり、手続きに関して単独で考えるのではなく、引越しのイベント一連の流れの中で考え、手続きをその中に組み込んでいくような設計が求められます。

　そこで検討会では、引越しの流れと手続きを整理したジャーニーマップを作成して、検討を進めました（**図表6-9**）。

　その検討結果として、行政手続においては窓口で手続きが即時に終わらないこと、民間手続においては同じことを何度も書く必要があること、また行政・民間共通の手続きにおいて手続きを知らないことによる手続漏れが発生することが問題として浮上しました。

　そこで、行政手続においては届出内容をあらかじめ登録することで窓口対応を効率化すること、民間手続においては複数の手続きをまとめて実施すること、共通の手続きとして引越しに伴う手続きの概要を案内することという解決の方向性が見いだされました。

5　引越しワンストップサービスの全体像

　それをイメージしたものが、引越しワンストップサービスの全体像であり、具体的には次のようなサービスが想定されています。

> ・引越しを行う者は、引越しポータルに利用者情報の登録を行い、引越しポータルからさまざまな引越しのイベントに関するサービ

引越しの流れと主な手続き（ジャーニーマップ）

フェーズ	引越し先の検討	引越し業者の検討	引越しの準備	引越し当日	引越し先での対応
行動	・物件探し ・サイトで候補検索 ・家族に相談 ・物件の下見＠現地 ・物件の契約＠不動産屋 ⇒引越し先住所の確定	・引越し業者探し ・サイトで一括見積 ・各社に問合せ ⇒引越し日の確定	・荷造り ・不用品の処分 ・新居のための家具等の購入 ・引越し前の各種手続	・荷物の搬出入 ・新居への移動 ・ライフラインの使用開始 ・近所への挨拶	・荷解き ・新しい家具等の設置 ・引越し後の各種手続
行政関係手続			・転出届 ・印鑑登録の廃止 ・国民健康保険の資格喪失 ・児童手当受給事由消滅届 ・介護保険の資格喪失 ・後期高齢者医療制度の資格喪失 ・公立の学校の転校（転出） ・幼稚園・保育所・設定こども園の転園 ・原動機付自転車の廃車	（ガス開栓の立会） （回線工事の立会）	・転入届・転居届 ・マイナンバーカード等の住所変更 ・印鑑登録 ・国民健康保険の資格取得 ・介護保険の資格取得 ・国民年金の住所変更 ・児童手当認定請求書 ・後期高齢者医療制度の資格取得（転入） ・公立の学校の転校（転入） ・犬の登録事項変更届 ・原動機付自転車の登録 ・運転免許証の住所変更 ・車庫証明の申請 ・自動車の変更登録 ・自動車検査証の記載事項の変更 ・自動車税の住所変更
民間関係手続			・電気の使用停止・開始・移転 ・ガスの使用停止・開始・移転 ・水道の使用停止・開始・移転 ・電話回線の移転・開始・移転等 ・インターネット回線の移転 ・郵便の転送 ・宅配便の移送		・銀行口座の住所変更 ・証券口座の住所変更 ・クレジットカードの住所変更 ・生命保険の住所変更 ・自動車保険の住所変更 ・火災・地震保険の住所変更 ・携帯電話の住所変更 ・プロバイダの住所変更 ・NHKの住所変更

（出典）「引越しワンストップサービス実現に向けた方策のとりまとめ」各府省情報化統括責任者（CIO）連絡会議決定（2019年4月18日）

> スを受ける中で、適切なタイミングで引越しポータルから引越し
> に伴う手続きを案内・誘導される。このことにより、申請漏れを
> 防ぐことができる。

引越しポータルサイトに利用者情報を登録しておくことで、適時
必要な手続きが案内され、手続漏れを防ぐことができます。

> ・引越しに伴う行政関係手続のうち自治体関係手続については、引
> 越しポータルが利用者情報の中から引越しに伴う行政関係手続に
> 必要な利用者引越手続情報を抽出して自治体に提供することで、
> 引越しを行う者が何度も同じ情報を書く負担を減らすことができ
> るとともに、転出届についてはオンライン申請を、転入・転居届
> については事前登録・来庁予約を可能とすることにより、窓口で
> 長時間待たされることなく、手続きを終えることが可能となる。
> なお、引越しに伴う行政関係手続のうち自動車関係手続について
> は、引越しワンストップサービスとの連携のあり方について今後
> 検討する必要がある。

引越しポータルサイトのデータを活用して、自治体に必要な手続
きを行うことが可能となります。窓口に出向かなければならない手
続きについては、来庁予約をすることで待ち時間がなくなります。

> ・引越しに伴う民間関係手続については、引越しポータルが利用者情
> 報の中から引越しに伴う民間関係手続に必要な利用者引越手続情
> 報を抽出して複数の受け手事業者に対してオンラインでまとめて送
> 信することにより、引越しを行う者は一括して手続きを実施するこ
> とができ、何度も同じことを繰り返す負担を減らすことができる。

■ 図表6-10 引越しワンストップサービスの全体像

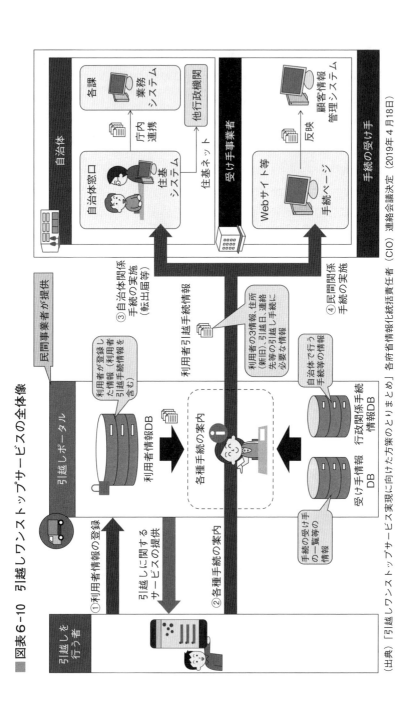

(出典)「引越しワンストップサービス実現に向けた方策のとりまとめ」各府省情報化統括責任者（CIO）連絡会議決定（2019年4月18日）

引越しポータルサイトに入力したデータを活用して、民間に必要な手続きを（同じ情報を何度も書く必要なく）、オンラインで一括して行うことが可能となります。

6　大きな役割を担う民間の引越しポータルサイト

つまり、引越しする人は、まず民間事業者が提供する引越しポータルサイトにアクセスして利用者登録を行い、そこで必要な手続きについての情報を得ることになります。民間の手続きについてはそこから受け手事業者のウェブサイトへと誘導され、手続きを進めることになります。そして、行政の手続きについては引越しポータルサイトからマイナポータルへと案内され、そこで自治体関係の手続きを行うという流れになります。

これまで検討されてきた引越しワンストップサービスとは異なり、民間事業者の役割がかなりクローズアップされ、民間事業者における競争・協調が促されていることがわかります。

ちなみに、民間関係手続における情報項目やデータ標準のイメージとしては**図表6-11**のようなものが考えられています。

7　引越しワンストップサービス実現へ向けたロードマップ

引越しワンストップサービスの実現へ向けたロードマップとしては、3つのフェーズに分かれています。

①　フェーズⅠ（2019年度）

目指す姿として、引越しワンストップサービスの中核となる引越しポータルを民間事業者によるサービスとして2019年度に立ち上げ、サービスを開始することになっています。

具体的には、自治体関係手続については、マイナポータルを活用し、転出時についてはマイナンバーカードを利用した特例転出届を

■図表6-11　民間関係手続の情報項目とデータ標準のイメージ

		ライフライン (電気・ガス・水道)			銀行等	生命保険	携帯電話	郵便
		休止	開始	移転				
引越し情報	申込日	●	●	●	●	●	●	●
	使用休止日	●						
	使用開始日		●					●（転送開始）
契約者情報	氏名	●	●	●	●	●	●	●
	新旧住所	●	●	●	●	●	●	●
	性別							
	生年月日				●			
	連絡先	●	●	●	●	●	●	●
	勤務先の情報				●			
	世帯情報							●
契約情報	ID（お客様番号等）	●		●	●（口座番号等）	（契約番号等）	（携帯番号）	
	契約内容		●	●	●（口座種類、取引店等）			
立会情報	立会日時		○	○				
	立会人氏名		○	○				
	立会人連絡先		○	○				
	契約者と立会人の関係		○	○				
支払情報	クレジット/口座振替	●	●					

○データ項目（手続全般の共通項目）

#	項目
1	申請者（届出人）の氏名
2	ふりがな
3	生年月日
4	性別
6	住所
7	届出年月日
8	転出年月日
9	転入年月日

○フォーマット（参考：「行政データ連携標準（仮称）ガイドブック」（内閣官房IT総合戦略室））

➢住所：
　都道府県から記述し、「町・字」までかな漢字とする。
　「町・大字」に「丁目」が含まれるときは、「丁目」以下は半角数字と半角ハイフン区切りとする。　等

➢日付及び時刻（生年月日を含む）：
　YYYY-MM-DD
　YYYY-MM-DDTHH：MM：SS＋hh：mm

➢電話番号：
　国内　　09-9999-9999
　　　　　または0999-99-9999
　　　　　または099999-9-9999
　国際　　＋国番号9-9999-9999　　　　　　　　　　　　　　等

（出典）「引越しワンストップサービス実現に向けた方策のとりまとめ」各府省情報化統括責任者（CIO）連絡会議決定（2019年4月18日）

電子申請、転入時や転居時についてはオンライン事前登録や来庁予約を実施できるようにします。

　また、引越しに伴う自動車関係手続については、引越しポータルからは自動車OSSや手続方法などを案内することとし、今後については検討となっています。

　さらに、引越しに伴う民間関係手続については、オンライン一括送信に対応済の受け手事業者から順次サービスを開始することに

なっています。

② フェーズⅡ（2020～2024年度）

次の段階では、引越しに伴う自治体関係手続と民間関係手続について、それぞれサービスに対応する自治体や受け手事業者を拡大する予定です。

引越しに伴う自治体関係手続については、引越しポータルからマイナポータルAPIを活用して、特例転出届の電子申請や転入時・転居時のオンライン事前登録等を引越しポータルから実施できるサービスを順次開始する予定です。

また、引越しに伴う自動車関係手続については、自動車OSSや自動車検査証の電子化状況を踏まえて、引越しワンストップとの連携方法を決定する予定です。

さらに、引越しに伴う民間関係手続については、本人確認が必要な手続きについても公的個人認証サービスを活用することを検討し、引越しポータルからのオンライン一括送信に対応する事業者の範囲を拡大する方向です。

③ フェーズⅢ（2025年度以降）

引越しポータルに関するさまざまなサービスを通じて蓄積された利用者情報を活用して、事前に利用者が必要とする手続きを案内するなど、利用者の潜在的なニーズに即したサービスの実現を図る予定です。自治体関係手続や自動車関係手続については、必要に応じて制度の見直しやシステムの改修等を行って、手続き全体の抜本的な効率化・簡素化を推進する方向です。

4 死亡・相続のワンストップサービス

　死亡・相続のワンストップサービスについても引越しと同様、IT総合戦略本部の新戦略推進専門調査会デジタル・ガバメント分科会やCIO連絡会議で議論されてきました。これまで死亡・相続のワンストップについてはあまり話題に上りませんでしたが、近年年間死亡者数が130万人以上にもなり、火葬場が足りないという問題だけでなく、死亡や相続に関する手続きも大きな問題となってきました。

　特に、65歳以上の高齢者が約90％（75歳以上が約75％）と死亡者の多くを占め、65歳以上の単独世帯数が約624万世帯という状況になっていることが問題です。親族が遠方である場合や疎遠になっている場合もあり、遺族が行う死亡・相続に伴う手続きの負担はかなり大きくなっています。

　このような問題意識の下、民間サービスを含めた死亡・相続手続についてのワンストップ化を推進することが、2018年のデジタル・ガバメント実行計画、世界最先端デジタル国家創造宣言・官民データ活用推進基本計画、未来投資戦略2018で明記されたことにより、検討が進むことになりました。

　デジタル・ガバメント実行計画では2019年度から順次サービスを開始すると明記されているため、それを目指して引越しワンストップサービスと同様、サービスデザイン思考に基づいて官民の関係者が参加したサービスデザインワークショップを開催し、検討を重ねてきました。

1　利用者視点でのニーズの把握・現状分析

　具体的には、死亡・相続について複数のペルソナ（利用者の中で重要と考えられる人物モデル）を設定して、手続き関連の行動をカスタマージャーニーとして分析しています。それが**図表6-12**で、死亡者の財産の保有状況によって手続きが異なるものの、ほぼ共通する手続きがあることが見いだされました。

　さらに、手続きを行う対象や手続きを行う時期によって、死亡・相続に関する手続きの行動が4つのフェーズ、「A. 死亡の届出」「B. 死亡に関する手続」「C. 遺産分割協議前」「D. 遺産分割協議後」に分割できることがわかりました（**図表6-13**）。

2　各フェーズにおける課題

　このフェーズごとに、課題の所在が明らかとなっています。

　A. 死亡の届出

・医師から死亡診断書を受領し、遺体を自宅へ搬送。遺族は（葬儀社から入手した）死亡届と火葬許可申請書に必要事項を記載し、死亡診断書を添付して自治体窓口に提出し、火葬許可証を発行してもらうという手順になるが、これらの手続きがすべて書面となっている。また、自治体では人口動態統計報告のため、死亡診断書に記載している情報を含めて死亡届に係る情報をシステムに手入力している。

・故人に遺族がいない（又は遺族が対応しない）場合には、死亡届や火葬の対応は自治体が行うこととなっており、遺族を探索することも含め自治体の大きな負担となっている。生前に遺族の連絡先を残すような仕組みが必要。

■ 図表6-12 死亡・相続に係るカスタマージャーニーと主な手続き

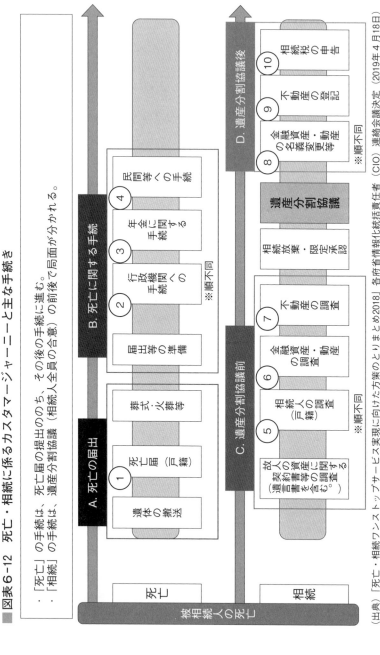

- [死亡] の手続は、死亡届の提出ののち、その後の手続に進む。
- [相続] の手続は、遺産分割協議（相続人全員の合意）の前後で局面が分かれる。

（出典）「死亡・相続ワンストップサービス実現に向けた方策のとりまとめ2018」各府省情報化統括責任者（CIO）連絡会議決定（2019年4月18日）

■ 図表6-13 死亡・相続の手続きに関わる主なステークホルダー

		A. 死亡の届出	B. 死亡に関する手続	C. 遺産分割協議前	D. 遺産分割協議後
手続の主体	当事者	遺族等（配偶者、子、父母等） ※使者（届出代行）（葬儀社等）	遺族等（配偶者、子、父母等）	相続人（配偶者、子、父母等） ※代理人（司法書士・行政書士・弁護士等）	相続人（配偶者、子、父母等） ※代理人（司法書士・行政書士・弁護士等）
手続の受け手	行政機関等	① 市区町村 ・戸籍の届出（死亡） ・火葬許可の申請 ・埋葬許可の申請　等	② 市区町村 ・国民健康保険等の手続 ・障害者関連の手続 ・子育て関連の手続　等 ③ 年金事務所 ・未支給年金の請求 ・被保険者資格の喪失手続 ・遺族年金の手続　等	市区町村 ⑤・相続人調査（戸籍の入手） ⑦・固定資産課税台帳の確認 法務局 ⑤・法定相続情報一覧図の写しの入手 ⑦・不動産登記情報の確認（必要に応じて） （公証役場） ・遺言書の検認 （家庭裁判所） ・相続放棄・限定承認 ・遺産分割調停　等	運輸支局等 ⑧・自動車所有者の変更 ⑧ 警察署 ・車庫証明の変更 ⑨ 法務局 ・不動産登記の変更 ⑩ 税務署 ・相続税の申告
	民間等	① 医療関係者 ・死亡診断書の発行	④ 銀行等、証券会社 ・口座の停止 ④ 生命保険会社 ・保険金の受取 ④ 電気、ガス、水道事業者等 ・解約、契約者の変更等 ④ 勤務先、学校 ・退社等の手続（国民年金、健康保険等の勤務先経由の手続を含む。）	⑥ 銀行等、証券会社 ・残高証明書等の発行	⑧ 銀行等、証券会社 ・預金等の払戻し等 ⑧ 証券会社 ・移管等の手続

※行政等手続等の棚卸結果にて概ね年間10万件以上の手続及び代表的な民間手続を抜粋

（出典）「死亡・相続ワンストップサービス実現に向けた方策のとりまとめ2018」各府省情報化統括責任者（CIO）連絡会議決定（2019年4月18日）

4. 死亡・相続のワンストップサービス　225

まず、葬式や火葬のための手続きが必要になります。これらの手続きがすべて書面となっており、高齢単身世帯が多いことから遺族探索も問題となっています。

Ｂ．死亡に関する手続

・葬式・火葬の後、行政手続や電気ガスの停止等の民間手続を行うが、手続数が多く、複数の機関に行かなければならない。

・死亡後の手続きのため、故人が生前にどのようなサービスを受けていたのかを確認する作業が遺族の負担となっている。

・遺族の今後の生活も含め、遺族に対するケアをしながら、必要な手続きについて説明する必要がある。

　次に、各種サービスを停止する手続きが必要になりますが、手続きの数が多く、また受けていたサービスの確認も煩雑です。

Ｃ．遺産分割協議前とＤ．遺産分割協議後

・故人が契約していた金融機関等の確認において、金融機関からの送付物をもとに探索しなければならず、また金融機関においても相手が法定相続人であることを確認できなければ資産情報を回答できないため、必要書類の送付・確認でコストがかかっている。今後のネット銀行やネット証券、銀行の通帳レスが進展すると、契約の手掛かりがなくなる可能性がある。

・法定相続人の特定のため、故人の出生から死亡日までの連続した戸籍謄抄本をすべて収集するとともに、故人と相続人との関係を証明するための戸籍謄抄本を収集する必要がある。また金融機関も戸籍謄抄本の不足を確認するコストがかかっている。法定相続情報証明制度を活用した法定相続情報一覧図の写しを使うことも可能だが、実態は士業を使わないと活用できない。

> ・金融機関ごとに、手続内容（残高証明書取得や解約手続等）の確認、戸籍謄抄本等必要書類の送付、請求書記入・提出など同じような手続きを何度も実施するとともに、申請様式が金融機関ごとに異なるという負担が生じている。

　最後に、遺産分割協議と相続ですが、遺産分割協議の前と後のフェーズで手続きが異なります。財産の確認と法定相続人の確認における手続き、財産承継における手続きの簡易化が必要です。

3　課題解決の方向性

　以上のような課題を解決するには、次の3点を実行することで可能となります。
・生前利用していたサービスや資産などの情報が故人と紐付いていること
・金融機関等に対して、（故人に関する情報を取得できる権限を有する）相続人であることを遺族が電子的に認証されていること
・自治体が故人の遺族に連絡がとれること
　しかし、民間サービスにおけるマイナンバー利用や資産に対するマイナンバー付番はまだできないため、死亡・相続ワンストップサービスとしては次の3点を目指すものとなっています。
①行政手続を見直して、遺族が行う手続きを削減する。
②信頼できる第三者が相続人であることを電子的に証明した遺族が、デジタル化した故人の生前の情報を死亡・相続の手続きに活用できるようにする。
③死亡・相続に関する手続きの総合窓口を自治体が設置・運営できるよう支援する。
　具体的なイメージを**図表6-14**に示します。

■図表6-14 死亡・相続ワンストップサービスの全体像

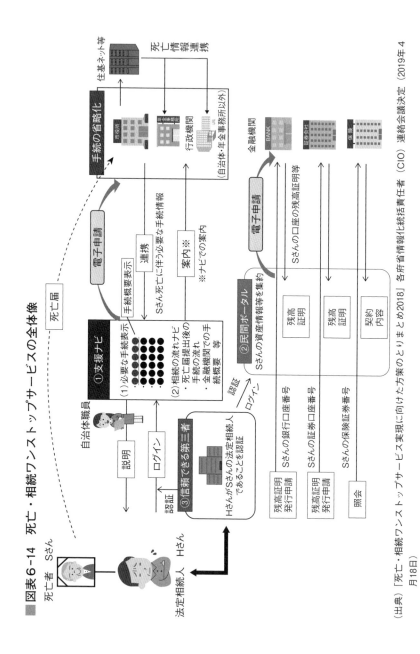

(出典)「死亡・相続ワンストップサービス実現に向けた方策のとりまとめ2018」各府省情報化統括責任者(CIO)連絡会議決定(2019年4月18日)

① 手続きの削減

　遺族の手続きの削減については、まず死亡に関する行政手続についての現状調査が実施され、全体で申請が61件、届出が88件あることがわかりました。そのうち、ワンスオンリーの原則に基づき、他の手続きにおいて情報システムに登録した死亡情報（住民基本台帳など）を参照することで届出を省略可能とした手続きが21件ありました。

　その一方で、他の手続きで登録された死亡情報を参照できるものの、届出の省略を認めていない手続きが11件あり、これらについては2019年度中に届出省略の可否や見直しに向けた課題整理を行い、見直し方針を決定する予定です。具体的には**図表6-15**の手続きが対象となっており、今後手続きの削減が期待されます。

② 信頼できる第三者による認証

　故人の生前の情報をデジタル化して安全に相続人が承継するには、相続人であることを電子的に認証する方法が必要となります。そのためには、相続人であることを電子的に認証する信頼できる第三者の存在が必要となります。ただし、信頼できる第三者の条件や認証の技術的な方法等について課題があるため、この方策については引き続き検討していくこととなりました。

　また、故人の生前の情報（終活情報）としては遺言、エンディングノートなどがありますが、これらのあり方（承継すべき終活情報は何か、どこに保存し誰が責任をもって管理するかなど）や電子的な継承の方法などについては引き続き検討される予定です。

③ 自治体が遺族を支援する仕組み

　一部の先進的な自治体では、死亡関連手続に関して一元的に対応する総合窓口（いわゆる「おくやみコーナー」）を設置している例があります。おくやみコーナーでは、遺族に必要な手続きを一元的に案内し、申請書の作成補助などを行いながら手続きの負担を軽減

■図表6-15　死亡・相続に関する手続きの見直し対象一覧

手続名	根拠法令	所管府省
個人事業者の死亡届出書	消費税法	財務省
死亡の届出（医療特別手当）	原子爆弾被爆者に対する援護に関する法律施行規則	厚生労働省
死亡の届出（介護手当）	原子爆弾被爆者に対する援護に関する法律施行規則	厚生労働省
障害年金、遺族年金の受給者死亡の届出	予防接種法施行規則	厚生労働省
児童扶養手当受給者死亡の届出	児童扶養手当法	厚生労働省
身体障害者手帳返還届	身体障害者福祉法、身体障害者手帳に係る交付手続き及び医師の指定に関する取扱いについて（通知）	厚生労働省
特別障害者手当（障害児福祉手当）受給者死亡の届出	特別児童扶養手当等の支給に関する法律	厚生労働省
特別児童扶養手当受給者死亡の届出	特別児童扶養手当等の支給に関する法律	厚生労働省
資格喪失の届出	介護保険法、介護保険法施行規則	厚生労働省
遺族補償費が支給されなくなる場合の届出	公害健康被害の補償等に関する法律施行規則	環境省
被認定者の死亡の届出	公害健康被害の補償等に関する法律施行規則	環境省

（出典）「死亡・相続ワンストップサービス実現に向けた方策のとりまとめ2018」各府省情報化統括責任者（CIO）連絡会議決定（2019年4月18日）

し、遺族の状況を把握して適切な遺族へのケアも行っていることから、住民からの評価も高くなっています。

　そこで、先進自治体が実施している「おくやみコーナー」のノウハウを「おくやみコーナー設置自治体支援ナビシステム」に組み込み、このシステムの標準仕様書や死亡相続手続に関する情報のデータベースを提供することで、他の自治体へ横展開できると期待されています。

　2019年度においては、おくやみコーナー設置自治体等の協力を得て支援ナビを試験導入し、利用者の評価を踏まえて改善を行い、支

援ナビの基本的な機能や死亡・相続手続の案内に必要な情報等について、標準仕様書や死亡・相続手続情報データベースを提供できるように整備することになっています。

　また将来的には、支援ナビをベースに遺族がオンラインで必要な手続きが確認でき、オンラインで手続きが完結する仕組みを構築できるよう、オンライン上での申請者の身分確認方法や、行政機関に対する手続きに関するマイナポータルを活用した電子申請の仕組み等のデジタル化に向けた課題についても2019年度中に整理する予定となっています。

4　死亡・相続ワンストップサービス実現へのロードマップ

　図表6-16のロードマップに示すように、2025年度までに(1)から(4)までの仕組みを構築することが示されています。2040年には死亡者数がピークを迎え、年間160万人以上になると推計されています。また、単身高齢者の死亡については自治体職員の負担も大きく、早急な対策が必要だと思われます。

(1)　行政手続の見直し

(2)　故人の生前情報を電子的に継承する仕組み

(3)　信頼できる第三者による相続人であることを電子的に認証する仕組み

(4)　自治体が必要に応じて遺族に支援する仕組み

■ 図表6-16 死亡・相続ワンストップサービスのロードマップ

		2019年度	2020年度	2021年度～
(1) 行政手続の見直し（遺族が行う手続の削減）	関係省庁	届出省略に向けた課題整理・見直し方針の検討	順次、方針を踏まえた制度改正等の実施 →	
(2) 故人の生前情報を電子的に継承する仕組み	内閣官房・民間事業者	民間サービス活用も視野に有効な方策を検討	民間事業者等を募りサービス創発に向けた課題環境整備	金融機関での相続手続に必要な情報を承継する仕組みの実現 → 活用
(3) 信頼できる第三者による相続人であることを電子的に認証する仕組み	内閣官房・民間事業者	信頼できる第三者となるべき主体の条件・認証の技術的な方法等の課題整理・方策の検討	民間事業者等を募りサービス創発に向けた課題環境整備	相続人であることを電子的に認証する仕組みの実現 → 活用
		標準仕様書・ガイドライン・データベースの公表	遺族がオンラインで死亡に関する手続を完結する仕組みの検討	遺族がオンラインで死亡に関する手続を完結する仕組みの実現 → 活用
(4) 自治体が必要に応じて遺族に支援する仕組み	内閣官房・自治体	支援ナビを活用した実証実験（おくやみコーナー導入の業務面の分析も含む）	自治体の支援ナビ・おくやみコーナー導入に向けた支援	
		データベースの作成	データベースの更新・メンテ	
		死亡相続手続情報・データベースの対象手続・必要情報の選定 ← データベースの情報提供		
	関係省庁			制度改正等を踏まえ定期的に情報提供

（出典）「死亡・相続ワンストップサービス実現に向けた方策のとりまとめ」 各府省情報化統括責任者（CIO）連絡会議決定（2019年4月18日）

第7章
デジタル手続法の今後の動向

最後に、デジタル手続法の今後について、「デジタル手続法（デジタル行政推進法関係）に基づく政省令及び情報システム整備計画の策定について」（2019年7月5日　内閣官房IT総合戦略室）の資料および官報で公布された政省令から見ていくことにします。

1 デジタル手続法に基づく政省令

1　デジタル手続法の施行

デジタル手続法の施行期日について、「世界最先端デジタル国家創造宣言・官民データ活用推進基本計画」（2019年6月14日閣議決定）では、「行政手続のオンライン化や添付書面等の撤廃等を実現するため、デジタル手続法の政省令及び同法に基づく情報システム整備計画を、年内を目途に作成する」と明記されました。

そして、2019年12月13日に政令182号（情報通信技術の活用による行政手続等に係る関係者の利便性の向上並びに行政運営の簡素化及び効率化を図るための行政手続等における情報通信の技術の利用に関する法律等の一部を改正する法律の施行期日を定める政令）が公布され、施行期日が「2019年12月16日」に決定されました。

政府の計画では、デジタル手続法のうちデジタル行政推進法（改正後の行政手続オンライン化法）に関する部分については、関連する政省令の規定整備を行って2019年内に施行し、これに基づく情報システム整備計画についても、2019年内に策定することとなっています。

これに向けて各省庁では次のような規定の整備や整備計画の策定作業を行っており、その具体的な内容を見ていきます。

●行政手続のオンライン原則
　・国の行政機関等に該当する独立行政法人等（政令）
　・適用除外手続（政令）
　・オンライン手続の細則（各府省主務省令）
●添付書類の撤廃
　・添付書類の省略の対象等（政令）
●デジタル化を実現するための情報システム整備計画

2　デジタル行政推進法に関連する政令

　行政手続オンライン化法の改正に伴い、行政手続オンライン化法施行令の改正、関係政令の規定整備、そして各府省主務省令の規定整備を行っています。主な改正事項について見ていきます。

　2019年12月13日に公布された政令183号（情報通信技術の活用による行政手続等に係る関係者の利便性の向上並びに行政運営の簡素化及び効率化を図るための行政手続等における情報通信の技術の利用に関する法律等の一部を改正する法律の施行に伴う関係政令の整備等に関する政令）では、「国の行政機関等」に分類される独立行政法人等、適用除外、添付書類の省略について定められました。

① 「国の行政機関等」に分類される独立行政法人等の指定（デジタル行政推進法3条三号ロ関係）

第3条第三号　国の行政機関等、次に掲げるものをいう。

ロ　前号ニ及びへからチまでに掲げる者（注：独立行政法人、特殊法人等）のうちその者に係る手続等に係る関係者の利便性の向上並びに行政運営の簡素化及び効率化のために当該手続等における情報通信技術の利用の確保が必要なものとして政令で定めるもの

情報システム整備計画の対象となる「国の行政機関等」に分類される独立行政法人等を特定するものですが、国民生活に大きな影響を与える手続きを行っており、かつ手続きの年間利用件数が多い法人を対象とすることが想定されましたが、具体的には「日本年金機構」が対象となりました。

② 　適用除外（性質上オンライン不可）の対象手続の指定（同法10条一号関係）

　第10条　次に掲げる手続等については、この節の規定は、適用しない。
　　一　手続等のうち、申請等に係る事項に虚偽がないかどうかを対面により確認する必要があること、許可証その他の処分通知等に係る書面等を事業所に備え付ける必要があることその他の事由により当該手続等を（…略…）情報通信技術を利用する方法により行うことが適当でないものとして政令（略）で定めるもの

　性質上オンライン等により行うことが適当でない手続き等を特定し、政令に規定されました。ただし、法律の主旨から対象手続は可能な限りゼロに近づけることが求められます。政令では別表として、次のように対象となる法令、手続きに関する規定、具体的な手続きが挙げられています。

対象法令	手続きに関する規定	具体的手続き
職業安定法（昭和22年法律第141号）	第32条の４第１項及び第３項並びに第32条の７第３項（これらの規定を第33条第４項において準用する場合を含む。）	処分通知等

風俗営業等の規制及び業務の適正化等に関する法律（昭和23年法律第122号）	第5条第2項及び第4項並びに第10条の2第3項及び第5項（これらの規定を第31条の23において準用する場合を含む。）、第27条第4項（第31条の12第2項において準用する場合を含む。）並びに第31条の2第4項（第31条の7第2項及び第31条の17第2項において準用する場合を含む。）	処分通知等
古物営業法（昭和24年法律第108号）	第5条第2項及び第4項	処分通知等
公職選挙法（昭和25年法律第100号）	第86条第1項から第3項まで、第8項、第9項、第11項及び第12項、第86条の2第1項並びに同条第7項、第9項及び第10項（これらの規定を第86条の3第2項において準用する場合を含む。）、第86条の3第1項、第86条の4第1、第2項、第5項、第6項、第8項及び第10項、第86条の5第1項及び第4項、第86条の6第1項、第2項、第5項及び第9項、第86条の7第1項及び第5項、第98条第2項及び第3項（これらの規定を第112条第7項において準用する場合を含む。）、第99条の2第2項及び第4項（これらの規定を同条第5項（同条第6項において準用する場合を含む。）及び第6項において準用する場合を含む。）並びに第168条第1項から第3項まで	申請等

精神保健及び精神障害者福祉に関する法律（昭和25年法律第123号）	第21条第1項	申請等
	第21条第1項及び第7項、第29条第3項（第29条の2第4項及び第33条の8において準用する場合を含む。）、第29条の2の2第2項（第34条第4項において準用する場合を含む。）並びに第33条の3第1項	処分通知等
火薬類取締法（昭和25年法律第149号）	第19条第1項、同条第4項において準用する第17条第8項並びに第50条の2第1項の規定により読み替えられた第17条第4項及び第8項	処分通知等
旅券法（昭和26年法律第267号）	第8条第1項及び第3項（これらの規定を第9条第3項、第10条第4項及び第12条第3項において準用する場合を含む。）並びに第19条の3第3項	処分通知等
出入国管理及び難民認定法（昭和26年政令第319号）	第11条第1項、第48条第1項及び第49条第1項	申請等
	第13条第2項、第14条の2第4項、第16条第4項、第17条第3項、第18条第4項、第18条の2第3項、第19条の6、第19条の10第2項（第19条の11第3項、第19条の12第2項及び第19条の13第4項において準用する場合を含む。）、第20条第4項（第21条第4項及び第22条の2第3項（第22条の3において準用する場合を含む。）において準用する場合を含む。）、第22条第3項（第22条の2第4項（第22条の3において準用する場合を含む。）において準用する場合を含む。）及び第26条第2項	

	並びに第47条第5項、第48条第9項、第49条第6項及び第50条第3項（これらの規定を第63条第1項において準用する場合を含む。）、第55条の3第2項、第61条の2の2第3項、第61条の2の4第2項（同条第4項において準用する場合を含む。）並びに第61条の2の12第1項	処分通知等
宅地建物取引業法（昭和27年法律第176号）	第22条の2第1項	処分通知等
売春防止法（昭和31年法律第118号）	第28条第2項において準用する更生保護法（平成19年法律第88号）第93条第1項	申請等
	第22条第1項及び第27条第4項	処分通知等
核原料物質、核燃料物質及び原子炉の規制に関する法律（昭和32年法律第166号）	第59条第5項及び第10項	処分通知等
銃砲刀剣類所持等取締法（昭和33年法律第6号）	第7条第1項及び第2項（第9条の13第3項において準用する場合を含む。）、第9条の5第2項、同条第4項において準用する第5条の3第3項、第9条の10第2項、同条第3項において準用する第5条の3第3項、第9条の13第2項並びに第15条第1項及び第2項	処分通知等

婦人補導院法（昭和33年 法 律 第17号）	第16条第2項	処分通知等
道路交通法（昭和35年法律第105号）	第8条第3項、第58条第1項、第58条の3第2項、第59条第3項、第75条第9項（第75条の2第3項において準用する場合を含む。）、第92条第1項及び第2項、第94条第2項、第101条第6項、第101条の2第4項、第107条第2項並びに第107条の7第3項	処分通知等
医薬品、医療機器等の品質、有効性及び安全性の確保等に関する法律（昭和36年法律第145号）	第33条第1項	処分通知等
自動車の保管場所の確保等に関する法律（昭和37年法律第145号）	第6条第1項及び第3項（これらの規定を第7条第2項（第13条第4項において準用する場合を含む。）及び第13条第4項において準用する場合を含む。）	処分通知等
住民基本台帳法	第30条の3第3項、第30条の4第4項、第30条の32第2項及び第30条の35	処分通知等
労働安全衛生法（昭和47年法律第57号）	第72条第1項（第61条第1項の免許に係る免許証を交付する場合に限る。）	処分通知等
警備業法（昭和47年法律第117号）	第5条第2項及び第5項並びに第7条第2項	処分通知等

建設労働者の雇用の改善等に関する法律（昭和51年法律第33号）	第21条第1項及び第3項並びに第34条第1項及び第3項	処分通知等
労働者派遣事業の適正な運営の確保及び派遣労働者の保護等に関する法律（昭和60年法律第88号）	第8条第1項及び第3項並びに第11条第3項	処分通知等
外国医師等が行う臨床修練等に係る医師法第17条等の特例等に関する法律（昭和62年法律第29号）	第4条第1項（第21条の7第1項において準用する場合を含む。）	処分通知等
港湾労働法（昭和63年法律第40号）	第15条第1項及び第3項	処分通知等
日本国との平和条約に基づき日本の国籍を離脱した者等の出入国管理に関する特例法（平成3年法律第71号）	第7条第2項及び第3項並びに第11条第2項（第12条第3項、第13条第2項及び第14条第4項において準用する場合を含む。）	処分通知等

化学兵器の禁止及び特定物質の規制等に関する法律（平成7年法律第65号）	第17条第1項	処分通知等
感染症の予防及び感染症の患者に対する医療に関する法律（平成10年法律第114号）	第56条の27第1項	処分通知等
刑事収容施設及び被収容者等の処遇に関する法律（平成17年法律第50号）	第157条第1項、第162条第1項、第163条第1項、第165条第1項、第166条第1項、第167条第1項及び第168条第1項	申請等
	第33条第1項、第155条第1項、第161条第2項において準用する行政不服審査法（平成26年法律第68号）第45条第1項及び第2項、第46条第1項本文並びに第47条（ただし書及び第二号を除く。）並びに第162条第3項において準用する同法第46条第1項本文、第47条（ただし書及び第二号を除く。）及び第64条第1項から第3項まで並びに第164条第1項及び第2項（これらの規定を第165条第3項において準用する場合を含む。）	処分通知等
探偵業の業務の適正化に関する法律（平成18年法律第60号）	第4条第3項	処分通知等

更生保護法	第93条第1項	申請等
行政手続における特定の個人を識別するための番号の利用等に関する法律	第7条第1項及び第2項並びに附則第3条第2項及び第3項	処分通知等
少年院法（平成26年法律第58号）	第120条、第129条第1項及び第130条第1項	申請等
	第20条第1項及び第118条第1項	処分通知等
少年鑑別所法（平成26年法律第59号）	第109条、第118条第1項及び第119条第1項	申請等
	第23条第1項	処分通知等
外国人の技能実習の適正な実施及び技能実習生の保護に関する法律（平成28年法律第89号）	第29条第1項及び第3項（これらの規定を第31条第5項及び第32条第2項において準用する場合を含む。）並びに第32条第5項	処分通知等
民間あっせん機関による養子縁組のあっせんに係る児童の保護等に関する法律（平成28年法律第110号）	第10条第1項及び第3項並びに第13条第2項	処分通知等
最高裁判所裁判官国民審査法施行令（昭和23年政令第122号）	第24条第1項	申請等

公職選挙法施行令（昭和25年政令第89号）	第88条第11項、第88条の3第9項、第88条の5第8項及び第89条第6項	申請等
精神保健及び精神障害者福祉に関する法律施行令（昭和25年政令第155号）	第2条の2の2並びに第2条の2の3第1項及び第2項	処分通知等
住民基本台帳法施行令（昭和42年政令第292号）	第30条の2第2項及び第30条の4第2項	処分通知等
化学兵器の禁止及び特定物質の規制等に関する法律施行令（平成7年政令第192号）	第3条の3	処分通知等
感染症の予防及び感染症の患者に対する医療に関する法律施行令（平成10年政令第420号）	第22条	処分通知等

③　添付書類の省略の対象と代替措置の指定（同法11条関係）

第11条　（…略…）住民票の写し、登記事項証明書その他の政令で定める書面等（…略…）については（…略…）当該書面等の区分に応じ政令で定めるものにより、直接に、又は電子情報処理組織を使用して、当該書面等により確認すべき事項に係る情報を入手し、又は

参照することができる場合には、添付することを要しない。

　添付書類の省略の対象と代替措置（例えば行政機関等の情報連携等）について、次のように政令に規定されています。

書面等	措置
1　住民基本台帳法（昭和42年法律第81号）第12条第1項に規定する住民票の写し又は住民票記載事項証明書	次のいずれかに掲げる措置 イ　電子情報処理組織を使用する方法により行う、個人番号カードに記録された電子署名等に係る地方公共団体情報システム機構の認証業務に関する法律（平成14年法律第153号）第3条第1項に規定する署名用電子証明書及び当該署名用電子証明書により確認される同法第2条第1項に規定する電子署名が行われた情報の行政機関等への提供 ロ　電子情報処理組織を使用する方法その他の方法により行う、氏名、出生の年月日、男女の別及び住所の行政機関等への提供 ハ　個人番号カードの行政機関等への提示
2　不動産登記法（平成16年法律第123号）第119条第1項に規定する登記事項証明書	次のいずれかに掲げる措置 イ　電子情報処理組織を使用する方法その他の方法により行う、次のいずれかに掲げる事項の行政機関等への提供 （1）　土地にあっては、当該土地の所在する市、区、郡、町、村及び字並びに当該土地の地番 （2）　建物にあっては、当該建物の所在する市、区、郡、町、村、字及び土地の地番並びに当該建物の家屋番号

	（3） 不動産登記令（平成16年政令第379号）第6条第1項に規定する不動産識別事項
	ロ　電子情報処理組織を使用する方法その他の方法により行う、行政機関等に電気通信回線による登記情報の提供に関する法律（平成11年法律第226号）第2条第1項に規定する登記情報の送信を同法第3条第2項に規定する指定法人から受けさせるために必要なものとして当該指定法人から取得した符号その他の情報の当該行政機関等への提供
3　商業登記法（昭和38年法律第125号）第10条第1項（他の法令において準用する場合を含む。）に規定する登記事項証明書	次のいずれかに掲げる措置 イ　電子情報処理組織を使用する方法その他の方法により行う、次のいずれかに掲げる事項の行政機関等への提供 （1）　商号又は名称及び本店又は主たる事務所の所在地 （2）　行政手続における特定の個人を識別するための番号の利用等に関する法律（平成25年法律第27号）第2条第15項に規定する法人番号 （3）　商業登記法第7条（他の法令において準用する場合を含む。）に規定する会社法人等番号 ロ　前号右欄ロに掲げる措置 ハ　電子情報処理組織を使用する方法により行う、商業登記法第12条の2第1項及び第3項（これらの規定を他の法令において準用する場合を含む。）の規定による証明及び当該証明により確認される電子署名及び認証業務に関する法律

	（平成12年法律第102号）第2条第1項に規定する電子署名が行われた情報の行政機関等への提供
4　商業登記法第12条第1項（他の法令において準用する場合を含む。）の印鑑の証明書	前号右欄ハに掲げる措置
5　市町村長（特別区の区長を含むものとし、地方自治法（昭和22年法律第67号）第252条の19第1項の指定都市にあっては、市長又は区長若しくは総合区長とする。）が作成する印鑑に関する証明書	第一号右欄イに掲げる措置

2 省令の概要

省令では、次の事項について規定をしています。

●規定事項

①第６条第１項に規定する「申請等に係る電子情報処理組織」

②第６条第５項に規定する「電子情報処理組織を使用する方法その他の情報通信技術を利用する方法による手数料の納付方法」

③第６条第６項に規定する「申請等のうちに電子情報処理組織を使用する方法により行うことが困難又は著しく不適当と認められる部分がある場合」

④第７条第１項に規定する「処分通知等に係る電子情報処理組織」

⑤第７条第１項ただし書に規定する「電子情報処理組織を使用する方法により処分通知等を受ける旨の表示の方式」

⑥第７条第５項に規定する「処分通知等のうちに電子情報処理組織を使用する方法により行うことが困難又は著しく不適当と認められる部分がある場合」

⑦その他所要の規定の整理

　各省令をすべて提示するのは膨大な量になるため、ここでは省令の考え方として「共同省令案」を挙げるとともに、税・社会保険の手続実務に関わりの深い財務省と厚生労働省の省令に関する情報を提供することとします。

　下記は、パブリックコメントに付された段階のものであるため「案」となっていますが、各省庁共同の命令案であり、この考え方に沿って省令が作成されています。

関係行政機関が所管する法令に係る行政手続等における情報通信の技術の利用に関する法律施行規則の一部を改正する命令案（仮称）の概要

令和元年10月10日
内閣府・総務省・法務省・外務省
財務省・文部科学省・厚生労働省
農林水産省・経済産業省・国土交通省
環境省・原子力規制委員会・防衛省

1．趣旨

　行政手続等における情報通信の技術の利用に関する法律（平成14年法律第151号。以下「行政手続オンライン化法」という。）においては、手続等のオンライン化の範囲、方法等を主務省令に委任しており、これを受けて、関係行政機関が所管する法令に係る行政手続等における情報通信の技術の利用に関する法律施行規則（平成16年内閣府・総務省・法務省・外務省・財務省・文部科学省・厚生労働省・農林水産省・経済産業省・国土交通省・環境省令第1号。以下「共同省令」という。）においては、複数の行政機関が共管する法令に係る手続等のオンライン化の範囲、方法等を規定している。

　今般、情報通信技術の活用による行政手続等に係る関係者の利便性の向上並びに行政運営の簡素化及び効率化を図るための行政手続等における情報通信の技術の利用に関する法律等の一部を改正する法律（令和元年法律第16号。以下「デジタル手続法」という。）により行政手続オンライン化法が改正されたことに伴い、共同省令について、所要の改正を行う必要がある。

2．内容

①デジタル手続法による改正後の行政手続オンライン化法（以下「新法」という。）第6条第1項に規定する申請等に係る電子情報処理組織は、申請等が行われるべき行政機関等の使用に係る電子計算機と申請等をする者の使用に係る電子計算機であって当該行政機関等が定める技術的基準に適合するものとを電気通信回線で接続した電子情報処理組織とする。

②新法第6条第5項に規定する電子情報処理組織を使用する方法その他の情報通信技術を利用する方法による手数料の納付方法は、申請等により得られた納付情報により納付する方法とする。

③新法第6条第6項に規定する申請等のうちに電子情報処理組織を使用する方法により行うことが困難又は著しく不適当と認められる部分がある場合は、以下に掲げる場合とする。

・申請等をする者について対面により本人確認をする必要があると当該申請等が行われるべき行政機関等が認める場合

・申請等に係る書面等のうちにその原本を確認する必要があるものがあると当該申請等が行われるべき行政機関等が認める場合

④新法第7条第1項に規定する処分通知等に係る電子情報処理組織は、行政機関等の使用に係る電子計算機と処分通知等を受ける者の使用に係る電子計算機であって当該行政機関等が定める技術的基準に適合するものとを電気通信回線で接続した電子情報処理組織とする。

⑤新法第7条第1項ただし書に規定する電子情報処理組織を使用する方法により処分通知等を受ける旨の表示の方式は、以下に掲げるいずれかの方式とする。

・電子情報処理組織を使用して行う識別番号及び暗証番号の入力

・電子情報処理組織を使用する方法により処分通知等を受けることを希望する旨の行政機関等が定めるところにより行う届出

・上記のほか、行政機関等が定める方式
⑥新法第7条第5項に規定する処分通知等のうちに電子情報処理組
　織を使用する方法により行うことが困難又は著しく不適当と認め
　られる部分がある場合は、以下に掲げる場合とする。
　・処分通知等を受ける者について対面により本人確認をする必要
　　があると行政機関等が認める場合
　・処分通知等に係る書面等のうちにその原本を交付する必要があ
　　るものがあると行政機関等が認める場合
⑦その他所要の規定の整理を行う。

3. 施行期日
　デジタル手続法の施行の日（令和元年12月予定）

　具体的な省令として、財務省令および厚生労働省令が下記のよう
に公布されました。省令の内容については官報号外第184号（2019年
12月13日）をご覧ください。
●財務省令（2019年12月13日公布）
・財務省令第36号
　国税関係法令に係る行政手続等における情報通信の技術の利用に
　関する省令等の一部を改正する省令
・財務省令第37号
　財務省関係の行政手続等における情報通信の技術の利用に関する
　法律施行規則の一部を改正する省令
・財務省令第38号
　情報通信技術の活用による行政手続等に係る関係者の利便性の向
　上並びに行政運営の簡素化及び効率化を図るための行政手続等に
　おける情報通信の技術の利用に関する法律等の一部を改正する法
　律の施行に伴う財務省関係省令の整備に関する省令

●厚生労働省令（2019年12月13日公布）

・厚生労働省令第80号

　厚生労働省の所管する法令に係る行政手続等における情報通信の
　技術の利用に関する法律施行規則の一部を改正する省令

3 情報システム整備計画の策定

　デジタル行政推進法に基づき、国の行政機関等が整備する行政手
続等に関係する情報システムを対象として、「情報システム整備計
画」を現行のデジタル・ガバメント実行計画と一体的なものとする
ため、デジタル・ガバメント実行計画（改定）が2019年12月20日に
閣議決定されました。

　この計画期間は2019年12月から2025年3月とされ、情報システム
の整備に関する基本的な方針（サービス設計12箇条に基づき利用者
視点で利用件数の多いものから実施、費用対効果の精査等）に則っ
たものとなっています。

　また、この整備計画は国の行政手続のデジタル化だけでなく、地
方公共団体の行政手続のデジタル化、民-民手続のデジタル化の
フォローアップ、引越し、死亡・相続等のワンストップサービスの
推進等についても記載するという、民間を含めた大きな計画となっ
ています。

　デジタル・ガバメント実行計画における情報システム整備計画の
部分について、その項目のみ下記にまとめておきます。

　5　行政手続のデジタル化

　5.1 情報システムの整備に関する基本的な方針

　　（1）利用者中心の行政サービスの実現等

（2）費用対効果の精査

5.2 情報システムの整備

5.2.1 行政手続のオンライン化実施の原則に係る情報システム整備

（1）国の行政手続の原則オンライン化

ア. 本人確認のオンライン化

イ. 手数料納付のオンライン化

（2）地方公共団体等の行政手続のオンライン化に必要な情報システムの国による統一的な整備

5.2.2 添付書類の省略に係る情報システム整備

ア. 登記事項証明書

イ. 戸籍謄本等

ウ. 住民票の写し等

エ. 印鑑証明書

オ. 所得証明書・納税証明書等

カ. 定款等

キ. その他の書面

5.2.3 行政手続の更なる利便性の向上に係る情報システム整備

ア. スマートフォン等を利用したオンライン手続における利便性向上

イ. 受付時間等の拡充

ウ. 本人確認手法の見直し

エ. 代理申請の容易化

オ. オンライン手続時の初期設定の簡易化

カ. 入力の簡易化等

キ. 申請画面等のマルチブラウザ対応

ク. 申請画面等の多言語化

ケ. データ容量の制限緩和

コ. データ形式の柔軟化

サ. オンライン申請に係る事務処理の効率化

シ. オンライン申請における優遇措置

5.3 情報システムの整備に当たり講ずべき施策

（1）業務改革（BPR）の実施

ア. 行政サービス全体のプロセスの可視化

イ. 行政手続で求めている情報の点検による添付書類の不要化等

ウ. 行政手続の利便性向上等

（2）行政機関等による情報システムの共用の推進

ア. 既存のオンラインシステム等の活用

イ. クラウドサービスやデジタルインフラの活用による既存のオンラインシステムの統廃合等の見直し

（3）データの標準化・APIの整備

ア. データの標準化

イ. 外部連携機能（API）の整備

（4）情報セキュリティ対策・個人情報保護等

（5）デジタルデバイドの是正

（6）国民等への広報

（7）KPIの設定

（「デジタル・ガバメント実行計画」2019年12月20日改定）

　このデジタル・ガバメント実行計画を受けて、各府省のデジタル・ガバメント中長期計画が改定されていくことになっています。

■著者略歴

榎並　利博 （えなみ　としひろ）

株式会社富士通総研 経済研究所 主席研究員

　1981 年、東京大学文学部考古学科卒業、同年富士通株式会社入社。システムエンジニアとして、自治体のシステム開発に従事。1995 年富士通総研へ出向。2010 年より富士通総研経済研究所に異動し、電子政府・電子自治体や地域活性化を中心とした研究活動に従事。この間、新潟大学・中央大学・法政大学の各非常勤講師、早稲田大学公共政策研究所客員研究員、社会情報大学院大学教授を兼務。

＜主な著書・共著＞

　「電子自治体　実践の手引」（学陽書房）、「電子自治体　パブリック・ガバナンスのIT 革命」（東洋経済新報社）、「共通番号（国民 ID）のすべて」（東洋経済新報社）、「マイナンバー制度と企業の実務対応」（日本法令）、「実践！　企業のためのマイナンバー取扱実務」（日本法令）、「医療とマイナンバー」（共著、日本法令）など、電子政府・電子自治体やマイナンバー関連の著書・寄稿多数。

デジタル手続法で変わる企業実務　令和2年4月10日　初版発行

日本法令®

〒 101-0032
東京都千代田区岩本町1丁目2番19号
https://www.horei.co.jp/

検印省略

著　　者　　榎　並　利　博
発 行 者　　青　木　健　次
編 集 者　　岩　倉　春　光
印 刷 所　　三　　報　　社
製 本 所　　国　　宝　　社

（営　業）　TEL　03-6858-6967　　Ｅメール　syuppan@horei.co.jp
（通　販）　TEL　03-6858-6966　　Ｅメール　book.order@horei.co.jp
（編　集）　FAX　03-6858-6957　　Ｅメール　tankoubon@horei.co.jp

（バーチャルショップ）https://www.horei.co.jp/iec/
（お詫びと訂正）https://www.horei.co.jp/book/owabi.shtml

※万一、本書の内容に誤記等が判明した場合には、上記「お詫びと訂正」に最新情報を掲載
　しております。ホームページに掲載されていない内容につきましては、FAX またはＥ
　メールで編集までお問合せください。